GOLDMANN

Buch

Für alle, die in den verschiedensten Lebensbereichen – sei es in Büchern, in den audiovisuellen Medien, in der Heilkunde, bei der Meditation, auf einem körperlich-geistigen Schulungsweg oder in der Philosophie des Alltags – heute immer häufiger auf Begriffe und Vorstellungen des Taoismus treffen, ist dieses Lexikon ein unentbehrliches Nachschlagewerk und zugleich inspirierendes Lesebuch.

Autorin

Ingrid Fischer-Schreiber, die Herausgeberin dieses Bandes, studierte Sinologie und Buddhologie an der Universität Wien und übersetzt buddhistische und taoistische Texte.

DAS LEXIKON DES TAOISMUS

Grundbegriffe und Lehrsysteme,
Meister und Schulen, Literatur und Kunst,
meditative Praktiken, Mystik und Geschichte
der Weisheitslehre von ihren Anfängen bis heute

Verfasserin und Herausgeberin:
Ingrid Fischer-Schreiber

GOLDMANN VERLAG

Umwelthinweis:
Alle bedruckten Materialien dieses Taschenbuches sind chlorfrei und umweltschonend.
Das Papier enthält Recycling-Anteile.

Der Goldmann Verlag
ist ein Unternehmen der Verlagsgruppe Bertelsmann

Vollständige Taschenbuchausgabe Februar 1996
Wilhelm Goldmann Verlag, München

Umschlaggestaltung: Design Team München
Satz: IBV Satz- und Datentechnik GmbH, Berlin
Druck: Presse-Druck Augsburg
Verlagsnummer: 12644
Redaktion: Stephan Schuhmacher und Gert Woerner
Ba · Herstellung: Sebastian Strohmaier
Made in Germany
ISBN 3-442-12644-9

1 3 5 7 9 10 8 6 4 2

Einführung und Hinweise zur Benutzung des Lexikons

Dieses Lexikon stellt die grundlegende Terminologie und die Lehrsysteme des Taoismus in alphabetischer Reihenfolge der Begriffe allgemeinverständlich dar. Es ist klar, daß die Stichwortartikel nicht das vollständige Begriffsrepertoire des *Tao-chia* und *Tao-chiao* abdeckt, also jener philosophisch-religiösen Strömungen des Fernen Ostens, die man im Westen unter der Bezeichnung »Taoismus« zusammenfaßt und die eine außerordentlich umfangreiche Literatur mit einem selbst in vielen Bänden nicht komplett erfaßbaren und niemals erschöpfend ausdeutbaren Vokabular hervorgebracht hat. So ist das Lexikon denn auch nicht in erster Linie für den wissenschaftlichen Gebrauch und für die wenigen Spezialisten im deutschsprachigen Raum konzipiert worden. Es soll vielmehr all jenen, die in den verschiedensten Lebensbereichen – sei es bei der Lektüre, in den audiovisuellen Medien, in der Heilkunde, bei der Meditation, auf einem körperlich-geistigen Schulungsweg oder in der Philosophie des Alltags – heute immer häufiger auf Begriffe und Vorstellungen aus dem Taoismus treffen, den Weg zum Verständnis dieser Religion und dieser Denkweise bahnen.
Wie schwierig oder, besser gesagt, wie offen die Übersetzung und Interpretation der meisten taoistischen Begriffe ist, zeigt sich bereits an dem Wort, von welchem die Lehre ihren Namen hat: *Tao* bezeichnet ebenso die Quelle und die Ursache wie den Weg und das Ziel, das Absolute und das Namenlose. Nach der Auffassung der beiden Begründer des philosophischen Taoismus, Lao-tzu (Laotse) und Chuang-tzu, kann der Sinngehalt von Tao weder durch Worte ausgedrückt, noch

durch Schweigen vermittelt werden. Denn Tao ist das Unergründliche, Undefinierbare. Etwa 2250 Jahre nach diesen beiden Weisen hat der große indische Denker Radhakrishnan dennoch versucht, Tao zu definieren: »Es ist der Geist, der uns dazu verhilft, die Wahrheit zu sehen, und es ist die Wahrheit, die wir suchen.«
Andere Religionen haben mystische Aspekte. Tao hingegen *ist* Mystik. Das Lexikon versucht, der Problematik dieser Eigenheit des Taoismus sowie seiner charakteristischen Vieldeutigkeit bei der Erläuterung des Begriffskanons Rechnung zu tragen, ohne dabei die Sachverhalte zu komplizieren.

Hinweise zur Benutzung

Die alphabetische Anordnung der Stichwörter wird durch die Buchstabenfolge des *gesamten* Stichworts bestimmt, nicht durch Wortbestandteile (also z. B. Ch'i-hai ... Chih-jen ... Ch'i-kung, und nicht wie in chinesischen Wörterbüchern und in manchen westlichen Fachlexika: Ch'i-hai ... Ch'i-kung ... Chih-jen). Die wörtliche Bedeutung eines Stichworts ist stets dann angegeben, wenn sie sich von der terminologischen Bedeutung des Begriffs im Taoismus unterscheidet oder wenn die wörtliche Übersetzung der Stichwort-Bestandteile zum Verständnis des Sinngehalts beiträgt.

Im Chinesischen wie im Japanischen gibt es viele gleichlautende (homonyme) Wörter mit unterschiedlicher Bedeutung; daß im Original für jedes dieser verschiedenen Wörter ein anderes Schriftzeichen verwendet wird, ist an der – nur an der Aussprache der Schriftzeichen orientierten – Umschrift nicht erkennbar. So kommt es vor, daß ein Stichwort in gleicher Form zweimal auftaucht, jedoch mit unterschiedlicher wörtlicher Bedeutung. Es handelt sich dabei dann nicht um *dasselbe*

Wort, das nur unterschiedlich interpretiert wird, sondern um zwei verschiedene Wörter bzw. Schriftzeichen, die jedoch gleich transkribiert werden.

Zur Transkription und Aussprache

Chinesisch: Auch wenn vor einigen Jahren die sogenannte Pinyin-Umschrift des Chinesischen von der Volksrepublik China zur verbindlichen und international gültigen Umschrift des Chinesischen erklärt wurde, wird heute noch weitgehend das bis zur Umschrift-Reform am häufigsten verwendete Transkriptionsschema angwandt. Um eine Übereinstimmung mit der Schreibform im größten Teil der Literatur zu gewährleisten, sind die Stichwörter deshalb in der geläufigen Wade-Giles-Umschrift angeführt. Stößt der Leser in der neuesten Literatur doch schon auf die Pinyin-Umschrift, kann er diese anhand der untenstehenden Tabelle in die hier verwendete Wade-Giles-Umschrift übertragen.
Zur Übertragung von Pinyin- in Wade-Giles-Umschrift (Silben, die nicht angeführt sind, schreiben sich in beiden Umschriften gleich):

Pinyin	Wade-Giles	Pinyin	Wade-Giles
ba	pa	bian	pien
bai	pai	biao	piao
ban	pan	bie	pieh
bang	pang	bin	pin
bao	pao	bing	ping
bei	pei	bo	po
ben	pen	bu	pu
beng	peng	ca	ts’a
bi	pi	cai	ts’ai

Pinyin	Wade-Giles	Pinyin	Wade-Giles
can	ts'an	cuo	ts'o
cang	ts'ang	da	ta
cao	ts'ao	dai	tai
ce	ts'e	dan	tan
cen	ts'en	dang	tang
ceng	ts'eng	dao	tao
cha	ch'a	de	te
chai	ch'ai	deng	teng
chan	ch'an	di	ti
chang	ch'ang	dian	tien
chao	ch'ao	diao	tiao
che	ch'e	die	tieh
chen	ch'en	ding	ting
cheng	ch'eng	diu	tiu
chi	ch'ih	dong	tung
chong	ch'ung	dou	tou
chou	ch'ou	du	tu
chu	ch'u	duan	tuan
chua	ch'ua	dui	tui
chuai	ch'uai	dun	tun
chuan	ch'uan	duo	to
chuang	ch'uang	e	eh
chui	ch'ui	er	erh
chun	ch'un	ga	ka
chuo	ch'o	gai	kai
ci	tz'u (ts'u)	gan	kan
cong	ts'ung	gang	kang
cou	ts'ou	gao	kao
cu	ts'u	ge	ke, ko
cuan	ts'uan	gei	kei
cui	ts'ui	gen	ken
cun	ts'un	geng	keng

Pinyin	Wade-Giles
gong	kung
gou	kou
gu	ku
gua	kua
guai	kuai
guan	kuan
guang	kuang
gui	kui
gun	kun
guo	kuo
he	he, ho
hong	hung
ji	chi
jia	chia
jian	chien
jiang	chiang
jiao	chiao
jie	chieh
jin	chin
jing	ching
jiong	chiung
jiu	chiu
ju	chü
juan	chüan
jue	chüeh, chüo
jun	chün
ka	k'a
kai	k'ai
kan	k'an
kang	k'ang
kao	k'ao
ke	k'e, k'o
ken	k'en
keng	k'eng
kong	k'ung
kou	k'ou
ku	k'u
kua	k'ua
kuai	k'uai
kuan	k'uan
kuang	k'uang
kui	k'ui
kun	k'un
kuo	k'uo
le	le, lo
lian	lien
lie	lieh
long	lung
lüe	lüeh lüo lio
mian	mien
mie	mieh
nian	nien
nie	nieh
nong	nung
nüe	nüeh nüo nio
nuo	no
pa	p'a
pai	p'ai
pan	p'an
pang	p'ang

Pinyin	Wade-Giles
pao	p’ao
pei	p’ei
pen	p’en
peng	p’eng
pi	p’i
pian	p’ien
piao	p’iao
pie	p’ieh
pin	p’in
ping	p’ing
po	p’o
pou	p’ou
pu	p’u
qi	ch’i
qia	ch’ia
qian	ch’ien
qiang	ch’iang
qiao	ch’iao
qie	ch’ieh
qin	ch’in
qing	ch’ing
qiong	ch’iung
qiu	ch’iu
qu	ch’ü
quan	ch’üan
que	ch’üeh ch’üo
qun	ch’ün
ran	jan
rang	jang
rao	jao
re	je

Pinyin	Wade-Giles
ren	jen
reng	jeng
ri	jih
rong	jung
rou	jou
ru	ju
ruan	juan
rui	jui
run	jun
ruo	jo
shi	shih
shuo	sho
si	su, szu, ssu
song	sung
suo	so
ta	t’a
tai	t’ai
tan	t’an
tang	t’ang
tao	t’ao
te	t’e
teng	t’eng
ti	t’i
tian	t’ien
tiao	t’iao
tie	t’ieh
ting	t’ing
tong	t’ung
tou	t’ou
tu	t’u
tuan	t’uan
tui	t’ui

Pinyin	Wade-Giles	Pinyin	Wade-Giles
tun	t'un	zen	tsen
tuo	t'o	zeng	tseng
xi	hsi	zha	cha
xia	hsia	zhai	chai
xian	hsien	zhan	chan
xiang	hsiang	zhang	chang
xiao	hsiao	zhao	chao
xie	hsieh	zhe	che
xin	hsin	zhei	chei
xing	hsing	zhen	chen
xiong	hsiung	zheng	cheng
xiu	hsiu	zhi	chih
xu	hsü	zhong	chung
xuan	hsüan	zhou	chou
xue	hsüeh, hsüo	zhu	chu
xun	hsün	zhua	chua
yan	yen	zhuai	chuai
ye	yeh	zhuan	chuan
yong	yung	zhuang	chuang
you	yu	zhui	chui
yu	yü	zhun	chun
yuan	yüen	zhuo	cho
yue	yüeh	zi	tzu (tsu)
yun	yün	zong	tsung
za	tsa	zou	tsou
zai	tsai	zu	tsu
zan	tsan	zuan	tsuan
zang	tsang	zui	tsui
zao	tsao	zun	tsun
ze	tse	zuo	tso
zei	tsei		

Zur Aussprache: Folgende Regeln ermöglichen, die Wörter nach der verwendeten Wade-Giles-Umschrift annähernd richtig auszusprechen:

ch	sprich	dsch(h)
ch’		tsch(h)
e		fast ö wie in »können«
j		wie engl. r in »ready«
k		g
k’		k
p		b
p’		p
s		ss bzw. ß
sh		sch
t		d
t’		t
ts		ds
ts’		zh
hs		(x)ss
y		j

Japanisch: Die verwendete Umschrift des Japanischen entspricht der in Japan selbst und international überwiegend verwendeten Hepburn-Umschrift, die erkennen läßt, aus welchen Silben der japanischen Silbenschrift sich das Wort zusammensetzt.
Zur Aussprache: Vokale ohne Längungsstriche werden kurz, mit Längungsstrich (z. B. Kōan) lang gesprochen.

s	sprich	scharfes s wie deutsch ss oder ß
z		weiches s wie in deutsch »Sahne«
ch		wie tsch

tsu	sprich	oft mit stimmlosem u (also wie deutsch z), vor allem am Wortende und vor k und t
fu		gehaucht, das f zwischen deutschem f und h
y		wie deutsch j, auch in Kombination mit Konsonant (z. B. Tōkyō sprich Too-kjoo [2 Silben], *nicht* Too-ki-oo [3 Silben])
j		wie dsch
ei		ee wie in »Tee«

Abkürzungen

A.	Auflage
asiat.	asiatisch
Ausz.	Auszug, Auszüge
buddhist.	buddhistische
chin.	chinesisch
dt.	deutsch
engl.	englisch
geb.	geboren
gest.	gestorben
hinduist.	hinduistisch
Hrsg.	Herausgeber
hrsg. v.	herausgegeben von ...
ind.	indisch
jap.	japanisch
Jh.	Jahrhundert
konfuzian.	konfuzianisch
konfuzianist.	konfuzianistisch
NA	Neuausgabe
o. J.	ohne Jahresangabe
östl.	östlich
philosoph.	philosophisch
reg.	regierte

rev.	revidierte (Ausgabe)
S.	Seite
s.	siehe
shintoist.	shintoistisch
Skrt.	Sanskrit
taoist.	taoistisch
Übers.	Übersetzer
u. d. T.	unter dem Titel
westl.	westlich
wörtl.	wörtlich
zit. n.	zitiert nach ...

A

Alchemie, taoistische → Wai-tan, → Nei-tan

Äußeres Elixier → Wai-tan

C

Chai, chin., wörtl.: »Fasten«; eines der wichtigsten Feste des religiösen Taoismus (→ Tao-chiao), das seit dessen Anfängen bekannt ist. Der Terminus Chai wurde vom offiziellen Staatskult übernommen, wo er das rituelle Fasten vor Opfern bezeichnet. Im Taoismus versteht man darunter Feste, die unter der Leitung eines Lehrers mit einer bestimmten Anzahl von Teilnehmern (zwischen 6 und 38) abgehalten werden und im wesentlichen im Bekennen der Sünden bestehen, die als Ursache aller Krankheiten gelten.
Jede Schule des religiösen Taoismus feiert ihre eigenen Fastenfeste. Von besonderer Bedeutung sind die Chai im → T'ai-p'ing tao, → Wu-tou-mi tao und dem → Ling-pao p'ai. Eine der bekanntesten Zeremonien ist das T'u-t'an chai (»Fastenfest, bei dem man sich mit Kohle beschmiert«).

Ch'ang, chin., wörtl.: »beständig, dauerhaft, ewig«; Begriff des philosoph. Taoismus (→ Tao-chia). Ch'ang bezeichnet das Wandellose, das Gegenteil von Wandel. Es ist eines der Kennzeichen des Tao. Im → *Tao-te ching* wird das Attribut Ch'ang all jenen Gesetzmäßigkeiten verliehen, die allgültig und nicht dem Wandel unterworfen sind. Erleuchtung (→ Ming) besteht im Erkennen des Unwandelbaren.

Chang Chüeh, gest. 184 n. Chr., Begründer der taoist. Schule des → T'ai-p'ing tao (chin., wörtl.: »Weg des Höchsten Friedens«). Seine Lehre basiert auf der Doktrin des → *T'ai-p'ing ching* und ging aus dem → Huang-lao tao (dem Weg des Huang-ti und des Lao-tzu) hervor. Sein Ziel war die Errichtung des »Höchsten Friedens«, wobei das Gewicht auf

der friedlichen Gleichheit aller Individuen lag. Dieses Ideal verschaffte ihm in einer von Hungersnöten und größter Unterdrückung des Volkes durch den Herrscher geplagten Zeit großen Zustrom. Ein weiterer Faktor seines Erfolges – innerhalb von zehn Jahren scharte er mehrere hunderttausend Anhänger um sich – war die Abhaltung kollektiver Riten zur Heilung von Krankheiten (→ Chai), die er als die Wirkung böser Taten auffaßte. Mittelpunkt dieser Praktiken war daher das Bereuen der Sünden in Reuezeremonien.
In der Zeit zwischen 165 und 184 verbreitete sich seine Lehre in acht Provinzen. Er faßte seine Anhänger in streng hierarchisch gegliederten Organisationen zusammen, an deren Spitze er als »Himmelsfürst-General« stand. 184 kam es unter seiner Leitung zum sog. Aufstand der Gelben Turbane, der von den Herrschenden blutig niedergeschlagen wurde, wobei Chang Chüeh und seine Brüder und eifrigen Mitstreiter Chang Pao und Chang Liang getötet wurden.

Chang Hsien, chin., wörtl.: »Chang, der Unsterbliche«; volkstümlicher Unsterblicher (→ Hsien), der nach populärem Glauben männliche Nachkommen schenkt.
Chang Hsien wird als alter Mann dargestellt, der einen Bogen spannt und damit in den Himmel zielt. Oft findet man neben ihm den Himmelshund *(t'ien-kou),* vor dem er die Kinder schützt. Er wird meist von seinem Sohn begleitet, der in seinen Armen den Knaben, den Chang Hsien den Gläubigen schenken wird, trägt. Manchmal begleitet ihn auch Sung-tzu niang-niang, die Dame, die Söhne bringt.

Chang Hsiu, General der Han-Dynastie und Begründer einer Richtung innerhalb des religiösen Taoismus (→ Tao-chiao), die große Ähnlichkeit mit der des → T'ai-p'ing tao und des → Wu-tou-mi tao hatte und vor allem in der Provinz Szechwan verbreitet war. Den Mittelpunkt der Praktiken dieser Richtung bildeten Zeremonien zur Heilung von Krankheiten, wobei den Drei Herrschern (→ San-kuan) Himmel, Erde und Wasser geopfert wurde. – Chang Hsiu wurde 190 von → Chang Lu ermordet.

Chang Liang, gest. 187 v. Chr., hoher Beamter der frühen Han-Dynastie und nach der Überlieferung Begründer des religiösen Taoismus – (→ Tao-chiao). Er ist einer der ersten Unsterblichen (→ Hsien), die in der taoist. Literatur bekannt sind. Zur Erlangung der Unsterblichkeit soll er bereits Gymnastikübungen (→ Tao-yin) praktiziert und auf den Genuß von Körnerfrüchten verzichtet haben (→ Pi-ku).

Chang Lu, 2. Jh. n. Chr., einer der Begründer des → Wu-tou-mi tao (wörtl.: »Fünf-Scheffel-Reis-Taoismus«), Enkel von → Chang Tao-ling. Um 190 gelang es Chang Lu mit Hilfe von → Chang Hsiu ein streng hierarchisch geführtes politisch-religiöses Staatsgebilde zu gründen, das 30 Jahre lang bestand. Es war allmählich aus seiner Anhängerschaft, die ihn als Wunderheiler verehrte, hervorgegangen. Seine Lehre bestand in einer Verknüpfung von äußerlichem Wohlergehen und Moral: er predigte, daß alle Krankheiten von Geistern als Vergeltung für böse Taten geschickt seien. Chang Lu hielt Massenzeremonien ab, während derer die Gläubigen ihre Vergehen bereuten und dadurch Heilung ihrer Krankheiten erlangten. Für eine derartige Heilung verlangte er ein Honorar von fünf Scheffeln Reis, woraus sich der Name der von ihm begründeten Richtung ableitete. Chang Lu selbst bezeichnete sich als Himmlischer Meister (→ Tien-shih). Dieser Titel wird bis heute an seine Nachkommen vererbt.

Chang Po-tuan, 984–1082, berühmter taoist. Meister, der die Lehren des Taoismus mit denen des Zen-Buddhismus und des Konfuzianismus verband. Chang Po-tuan war einer der

bedeutendsten Vertreter der alchemistischen Schule des Inneren Elixiers (→ Nei-tan), die nach spiritueller Unsterblichkeit strebt. Das Innere Elixier wird nicht auf dem Wege chemischer Umwandlung bereitet, es ist vielmehr die Erleuchtung des Geistes, die Rückkehr zum Ursprung (→ Fu).
Seine Lehre erläutert Chang Po-tuan in dem Werk *Wu-chen p'ien* (»Essay über das Erwachen zur Wahrheit«).

Ch'ang-sheng pu-ssu, chin., wörtl.: »lange leben, nicht sterben«; Unsterblichkeit, das Ziel der verschiedenen taoist. Praktiken. Der Begriff der Unsterblichkeit kann auf zweierlei Weise verstanden werden: als körperliche und als spirituelle Unsterblichkeit. Die Vorstellung der körperlichen Unsterblichkeit existiert seit den Anfängen des Taoismus und ist das Ziel der meisten Richtungen des religiösen Taoismus (→ Tao-chiao). Die Anhänger der alchemistischen Schule des Äußeren Elixiers (→ Wai-tan) versuchten z. B. durch das Einnehmen verschiedener lebensverlängernder Drogen, zu Unsterblichen (→ Hsien) zu werden. Andere Praktiken zur Erlangung der körperlichen Unsterblichkeit sind das Vermeiden des Genusses von Körnerfrüchten (→ Pi-ku), verschiedene Atemübungen, Gymnastik (→ Tao-yin) sowie Meditation und sexuelle Praktiken (→ Fang-chung shu).
Ein körperlich Unsterblicher steigt bei hellem Tag gen Himmel (→ Fei-sheng), oder »stirbt« zum Schein: Öffnet man seinen Sarg, ist dieser leer (→ Shih-chieh).
Spirituelle Unsterblichkeit, d. h. Erleuchtung und Erlangung der Einheit mit dem höchsten Prinzip (→ Tao), eines Zustandes jenseits der Gegensätze von Leben und Tod, der Vereinigung von Yin und Yang, ist das Ziel des philosophischen Taoismus (→ Tao-chia) des Lao-tzu und Chuang-tzu. Auch die Vertreter des Inneren Elixiers (→ Nei-tan) streben nach dieser geistigen Unsterblichkeit.
Spirituelle Unsterblichkeit impliziert neben der Freiheit von

Leben und Tod auch Freiheit von Zeit und Raum und von sexueller Identität; daher werden Unsterbliche manchmal männlich, manchmal weiblich dargestellt. In taoist. inspirierten künstlerischen Darstellungen wird die Unsterblichkeit durch verschiedene Symbole angedeutet: durch einen Kranich, einen knorrigen Stab, Kiefern, Pfirsiche (→ Hsi wang-mu), den Pilz der Unsterblichkeit (→ Ling-chih), den Gott der Unsterblichkeit (→ Shou-lao, → San-hsing) usw.

Chang Tao-ling, auch Chang Ling genannt, 34–156, Begründer des → Wu-tou-mi tao, einer der bedeutendsten Richtungen des religiösen Taoismus (→ Tao-chiao). Chang Tao-ling begann in der Mitte des 2. Jh. in der Provinz Szechwan, Kranke durch das Rezitieren magischer Formeln und das Verabreichen geweihten Wassers zu heilen. Als Honorar für eine Behandlung forderte er fünf Scheffel Reis. Dies gab der von ihm ins Leben gerufenen Richtung den Namen, der »Fünf-Scheffel-Reis-Taoismus« bedeutet. Seine Anhänger verehrten ihn als »Himmlischen Meister« (→ T'ien-shih). Diesen Titel tragen bis heute seine Nachkommen.

Chang Tsung-yen, gest. 1292, Himmlischer Meister (→ T'ien-shih) der 36. Generation. 1276 wurde ihm dieser Titel von Kaiser Khubilai bestätigt und die Herrschaft über alle taoist. Gläubigen südlich des Yang-tse übertragen. 1288 rief ihn der Kaiser nochmals an den Hof und verlangte das Jadesiegel und das Schwert zu sehen, die beiden Dinge, die nach der Legende seit der Han-Dynastie von einem Himmlischen Meister an den nächsten weitergegeben wurden. In der Tatsache, daß diese Schätze Jahrhunderte überlebt hatten, sah der Kaiser ein himmlisches Zeichen. Er erklärte den Titel und die Funktionen eines T'ien-shih für erblich, womit die eigentliche Bedeutung der Familie Chang begründet wurde (→ Chang Tao-ling).

Ch'eng-huang, chin., Schutzgott einer Stadt. Nach taoist. Auffassung wehren die Schutzgötter der Städte Unheil und Katastrophen ab, schützen die Bewohner der ihnen unterstellten Städte, die sich mit ihren Anliegen an sie wenden können: In Trockenperioden lassen die Ch'eng-huang es regnen, bei Unwettern wieder die Sonne scheinen, sie gewähren eine gute Ernte und sichern den Wohlstand der Bürger.
Außerdem gelten die Ch'eng-huang als die Führer verstorbener Seelen: Will ein taoist. Priester den Seelen (→ Hun, → P'o) eines Verstorbenen aus der Hölle helfen, muß er den Stadtgott durch ein »Dokument« informieren.

Cheng-i tao, chin., wörtl.: »Weg der Rechten Einheit«; Sammelname für alle taoist. Schulen, die in ihrer religiösen Praxis Talismane, Amulette u. ä. verwenden (→ Fu-lu p'ai). Die Schule der Rechten Einheit ist seit der Yüan-Dynastie neben jener der Verwirklichung der Wahrheit (→ Ch'üan-chen tao) die bedeutendste Richtung im religiösen Taoismus (→ Tao-chiao). Die Anfänge des Cheng-i tao gehen bis auf den Fünf-Scheffel-Reis-Taoismus (→Wu-tou-mi tao) zurück, der in der östlichen Han-Dynastie von Chang Tao-ling begründet wurde. Diese Schule verschmolz während der T'iang- und Sung-Dynastie mit der Schule des Magischen Juwels (→ Ling-pao p'ai) und anderen Richtungen. 1304 wurde Chang Tao-lings Nachkomme in der 38. Generation »Führer der Rechten Einheit« genannt, da er die religiöse Herrschaft über verschiedene Strömungen, die Talismane verwendeten, innehatte. Von diesem Zeitpunkt an wurden alle Schulen, die an die Kraft von Talismanen glauben, als zur Rechten Einheit gehörig angesehen. In ihrer Praxis spielen Exorzismen, Zaubersprüche und andere magische Elemente eine wesentliche Rolle. Die Priester dieser Schule können im Gegensatz zu jenen des Ch'üan-chen tao heiraten. Bis heute lebt das Cheng-i tao auf Taiwan und in Hongkong weiter.

Chen-jen, chin., wörtl.: »Wahrer Mensch«; Idealfigur des philosoph. und des religiösen Taoismus. Der Begriff, der das erste Mal im → *Chuang-tzu* verwendet wurde, bezeichnet einen Menschen, der die Wahrheit verwirklicht und das Tao erlangt hat. Der Wahre Mensch ist frei von jeglicher Beschränkung, hat alle Vorstellungen hinter sich gelassen und absolute Freiheit erreicht. – Im 6. Buch, Kapitel 1, des *Chuang-tzu* wird der Wahre Mensch beschrieben.
Im → *Huai-nan-tzu* heißt es über den Wahren Menschen: »Er wird nicht geboren, und er stirbt nicht; er ist nicht leer und nicht erfüllt.« – Im → *T'ai-p'ing ching* wird der Chen-jen in der taoist. Hierarchie über einem Unsterblichen (→ Hsien) und unter einer Gottheit (→ Shen) angesiedelt.
Chen-jen wird seit der T'ang-Dynastie als Ehrentitel für bedeutende geschichtliche Persönlichkeiten und taoist. Meister verwendet. Kaiser T'ang Hsüan-tsung verlieh Chuang-tzu den Titel »Wahrer Mensch vom südlichen Blütenland« (Nan-hua chen-jen); sein Werk heißt daher auch »Wahres Buch vom südlichen Blütenland« *(Nan-hua chen-ching)*.

Chen-ta-tao chiao, chin., wörtl.: »Lehre vom wahren großen Tao«; 1142 von Liu Te-jen begründete Schule des religiösen Taoismus. Ihre Lehre, die auf den Gedanken des → *Tao-te ching* beruht, betont die Haltung des absichtslosen Handelns (→ Wu-wei), der Wunschlosigkeit und des Altruismus. Die Anhänger des Chen-ta-tao chiao streben nach Gutem und versuchen, Böses zu vermeiden. Lebensverlängernde und magische Praktiken spielen in dieser Schule keine Rolle. Es ist stark konfuzian. Einfluß spürbar. Das Chen-ta-tao chiao erreichte seinen Höhepunkt im 13. Jh., erlosch aber bald darauf.

Chen-tsung, 968–1022, Kaiser der Sung-Dynastie, der die Verehrung des Jadekaisers → Yü-huang initiierte, nachdem er im Jahr 1012 einen wichtigen Brief des Jadekaisers erhalten haben soll. 1016 belehnte Chen-tsung den damaligen Himmlischen Meister (→ Tien-shih) mit einem großen Stück Land auf dem Drache-und-Tiger-Berg (→ Lung-hu-shan), wo bis 1949 die Himmlischen Meister lebten. – Chen-tsung förderte außerdem die Kompilierung des taoist. Kanons (→ Taotsang), der während seiner Regierungszeit zum ersten Mal gedruckt wurde (1019).

Ch'en T'uan, ca. 906–989, ein in den Lehren des Inneren und Äußeren Elixiers (→ Nei-tan, → Wai-tan) bewanderter taoist. Gelehrter, der zurückgezogen auf dem Hua-shan, einem der heiligen taoist. Berge, lebte. Dort soll er das Diagramm des Unbedingten *(wu-chi-t'u)* in den Felsen geritzt haben. Er pflegte vor diesem Diagramm, das eine schematische Darstellung der Lehren des Nei-tan ist, zu meditieren. Er gilt auch als Schöpfer des Diagramms des vorweltlichen Himmels *(hsien-t'ien-t'u)*. Diese beiden Diagramme beeinflußten den neokonfuzian. Philosophen Chou I-tun bei der Entwicklung seines Diagramms des Höchsten Letzten (→ Tai-chi-t'u).

Ch'i, chin., wörtl.: »Luft, Dampf, Hauch, Äther, Energie; auch Temperament, Kraft, Atmosphäre«; zentraler Begriff des Taoismus und der chin. Medizin.

Ch'i ist nach taoist. Auffassung die vitale Energie, die Lebenskraft, der kosmische Geist, der alle Dinge durchdringt und belebt, und ist identisch mit der Urenergie (→ Yüan-ch'i, → Nei-ch'i). Im Körper des Menschen wird das Ch'i im »Ozean des Atems« (→ Ch'i-hai) in der Nähe des Nabels akkumuliert. Dieses Ch'i muß sorgfältig gehütet und am Verströmen gehindert werden, sonst sind Krankheit und Tod die Folge.

Die Lebensenergie Ch'i steht im Mittelpunkt der taoist. Atemübungen, die zum Ziel haben, es zu stärken und zu mehren

(→ Hsing-ch'i, → Fu-ch'i, → Yen-ch'i, → Lien-ch'i, → T'ai-hsi). Das Trainieren des Ch'i kann dem taoist. Adepten außergewöhnliche Fähigkeiten verschaffen, die u. a. in den verschiedenen Kampfkünsten eine wesentliche Rolle spielen. Auch die meditativen Atemtechniken der Inneren Alchemie (→ Nei-tan) arbeiten mit Ch'i, das sie läutern und transformieren wollen.
Neben dieser Auffassung von Ch'i als kosmische Energie bedeutet Ch'i aber auch den Atem, die ein- und ausatmende Luft, was im Taoismus als Äußeres Ch'i (→ Wai-ch'i) bezeichnet wird.
Eine wichtige Rolle spielt Ch'i auch in der Philosophie des neokonfuzian. Philosophen → Chu Hsi: er unterscheidet Ch'i, den materiellen Aspekt der Dinge, und Li, das Prinzip, den formellen Aspekt. Nur in Verbindung mit der formenschaffenden Kraft des Ch'i kann sich das Prinzip in der sichtbaren Welt manifestieren. In der chin. Medizin verstand man unter Ch'i ursprünglich die allgemeine Lebensenergie, die im Körper in den sog. Meridianen zirkuliert und den Aufbau und das Wachstum des Körpers reguliert. Störungen im Kreislauf oder Blockaden des Ch'i sind verantwortlich für Krankheiten. Daneben ist Ch'i auch der Atem. Diese beiden Aspekte von Ch'i sind aber nicht voneinander zu trennen. Außerdem bezeichnet Ch'i die Emotionen des Menschen und in der modernen Auffassung auch die Tätigkeit des neurohormonalen Systems.

Ch'ien (und) K'un, chin.; das erste und das zweite Hexagramm des → *I-ching (Buch der Wandlung[en]),* oder zwei der Acht Trigramme (→ Pa-kua). Ch'ien besteht aus 6 (Hexagramm) bzw. 3 (Trigramm) ungebrochenen Yang-Linien und repräsentiert das reine Yang und den Himmel, das Schöpferische. K'un besteht aus 6 bzw. 3 gebrochenen Yin-Linien; es symbolisiert das reine Yin, die Erde, das Empfangende: Ch'ien und K'un sind Eingang und Tor zum Wandel und gel-

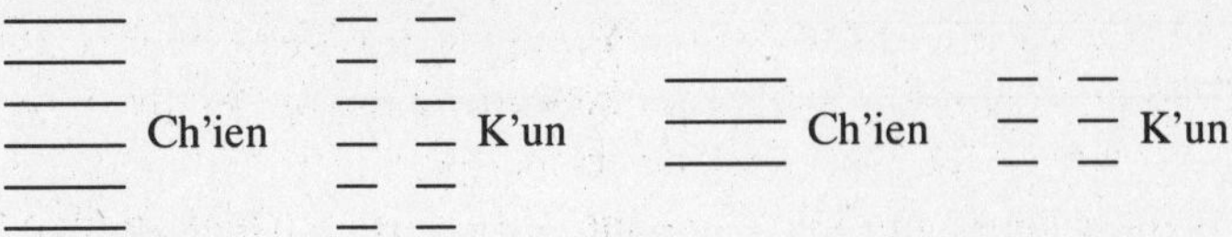

ten als die »Eltern« aller übrigen Hexagramme, die aus Kombinationen von Yin- und Yang-Linien bestehen. – In der Sprache der taoist. Alchemie (→ Nei-tan, → Wai-tan) bezeichnen Ch’ien und K’un Schmelzofen und Schmelztiegel oder Kopf und Bauch des Menschen.

Ch’i-hai, chin., wörtl.: »Ozean des Atems«; in der Nähe des Unteren Zinnoberfeldes (→ Tan-t’ien), zwei bis drei Finger unterhalb des Nabels gelegener Punkt, in dem sich die vitale Energie, das → Ch’i, akkumuliert. Das Ch’i-hai spielt eine besonders wichtige Rolle bei der sog. Embryonalatmung (→ T’ai-hsi) und in der traditionellen chin. Medizin.

Chih-jen, chin., wörtl.: »Vollkommener Mensch«; einer der Namen, die → Chuang-tzu seinem idealen Menschen verleiht. Chih-jen wird synonym mit → Chen-jen, → Shen-jen und → Sheng-jen verwendet. Ein Vollkommener Mensch hat die Einheit mit dem Tao verwirklicht und ist frei von allen Beschränkungen und Vorstellungen.

Ch’i-kung, chin., etwa: »Bearbeiten der Energie« (→ Ch’i); chin. Gesundheitsübungen, die buddhist. und taoist. Elemente enthalten und eine wesentliche Rolle in der chin. Medizin spielen. Zu den Ch’i-kung-Übungen gehören u. a. Übungen zum Regulieren des Körpers, des Geistes (d. h. zum Beruhigen der Gedankentätigkeit), des Atems wie → T’u-ku na-hsin, Bewegungsübungen wie → T’ai-chi-ch’üan und → Tao-yin, Selbstmassage usw. Im weitesten Sinn zählen dazu auch die verschiedenen Kampfkünste (Wu-shu). Eine

Anleitung zu grundlegenden Übungen des Ch'i-kung ist: Josephine Zöller, *Das Tao der Selbstheilung*, Bern 1984.

Ching, chin., wörtl.: »Samen, Sperma«; eine der drei Lebenskräfte, deren Zusammenspiel nach taoist. Auffassung für die Erhaltung des Lebens wesentlich ist; die anderen sind der Atem bzw. die Lebensenergie (→ Ch'i) und der Geist, das Bewußtsein (→ Shen). Ching bezeichnet eigentlich das Sperma des Mannes und das Menstruationsblut der Frau, doch wird es in taoist. Texten meist nicht in diesem konkreten Sinn verstanden, sondern vielmehr als eine feinstoffliche Substanz oder Essenz, die in der Lage ist, sich mit Ch'i zu vermischen. Ching wird in der »Behausung des Ching« *(ching-she)* in der Nähe des Unteren Zinnoberfeldes (→ Tan-t'ien) produziert. Ist es nur in geringem Ausmaß im Körper vorhanden, erkrankt der Mensch; ist es erschöpft, tritt der Tod ein. Der taoist. Adept ist daher bestrebt, den Verlust von Ching durch verschiedene sexuelle Praktiken, die im wesentlichen auf dem Vermeiden einer Ejakulation basieren, zu beschränken und es durch den Einfluß der weiblichen Kraft des Yin (→ Yin-yang) zu mehren (→ Fang-chung shu, → Huan-ching pu-nao).

Ch'ing-lung, chin. → K'uan und Li

Ch'ing-t'an, taoist. »Reines Gespräch«; neotaoist. Strömung (→ Hsüan-hsüeh), die im 3. Jh. n. Chr. aufkam. Das Reine Gespräch stellt eine raffinierte Form der Konversation dar, in deren Mittelpunkt die Lehren des philosoph. Taoismus (→ Tao-chia), vor allem die des Lao-tzu und Chuang-tzu stehen. Die Anhänger des Ch'ing-t'an versuchten, die konfuzian. Klassiker demgemäß zu interpretieren. Die bedeutendsten Vertreter dieser Strömung waren → Wang Pi (226–249), Kou Hsiang (?–ca. 312) und Hsiang Hsiu (221–300).

Chin-lien, chin., wörtl.: »Goldener Lotos« → Ch'üan-chen tao

Chin-tan, chin., wörtl.: »Goldener Zinnober«; das Goldene Elixier, ein Begriff der taoist. Alchemie (→ Nei-tan, → Wai-tan), der unterschiedlich interpretiert wird. In Texten, die vor der T'ang- und Sung-Dynastie entstanden sind, ist mit Chin-tan meist das Äußere Elixier gemeint: Die Anhänger der Äußeren Alchemie waren bestrebt, aus verschiedenen chemischen Substanzen Gold herzustellen, das, eingenommen, Unsterblichkeit verleihen sollte. In späteren Texten bezeichnet Chin-tan aber meist das Innere Elixier; in diesem Sinn ist Chin-tan gleichbedeutend mit dem Heiligen Embryo (→ Sheng-t'ai) und der Goldenen Blüte des Nei-tan.

Ch'iu Ch'u-chi → Ch'üan-chen tao

Chiu-kung, chin., wörtl.: »Neun-Paläste«; nach Auffassung der taoist. → Innere-Gottheiten-Hygiene-Schule teilt sich das Gehirn des Menschen in Neun Paläste, die von verschiedenen Gottheiten (→ Shen) bewohnt werden. Diese Neun Paläste sind in zwei Reihen zu 4 und 5 Abteilen zwischen Stirn und Nacken gelegen. Die wichtigsten sind die 3 vorderen der unteren Reihe: Sie sind von → Huang-lao-chün und seinen Gehilfen bewohnt. Der Palast im Zentrum des Kopfes, → Ni-huan (nach dem buddhist. Begriff Nirvāna benannt), ist der Sitz der höchsten Körpergottheit, des Höchsten Einen (→ T'ai-i).

Chou-i, chin., wörtl.: »Wandlung(en) der Chou-Dynastie«; in chin. Texten verwendete Bezeichnung für das *Buch der Wandlung(en) (→ I-ching),* die sowohl den Kerntext als auch die Kommentare umfaßt *(→ Shih-i).*

Chou-i ts'an-t'ung-ch'i, chin. → Wei P'o-yang

Chou Tun-i → T'ai-chi-t'u

Ch'u, chin., wörtl.: »Küche«, Bankett; Feierlichkeiten, die von den Anhängern der Schulen des → T'ai-p'ing tao und des → Wu-tou-mi tao zu Ehren der taoist. Priester abgehalten werden, um ihnen für ihre Hilfe in allen wichtigen Familienangelegenheiten zu danken.

Ch'üan-chen tao, chin., wörtl.: »Weg der Verwirklichung der Wahrheit«; eine der beiden großen Richtungen innerhalb des religiösen Taoismus (→ Tao-chiao); die andere ist die Schule der Rechten Einheit (→ Cheng-i tao). Das Ch'üan-chen tao ist auch unter den Namen Ch'un-yang (Reines Yang) und Chin-lien (Goldener Lotos) bekannt.
Als der Begründer des Weges der Verwirklichung der Wahrheit gilt Wang Ch'un-yang (1112–1170). Von ihm wird berichtet, daß er 1159 einen Eremiten getroffen habe, der eine Reinkarnation zweier Unsterblicher, von Lü Tung-pin und Chung Li-ch'üan (→ Pa-hsien), war. Von diesem empfing er in mündlicher Überlieferung geheime Lehren, die die Grundlage seiner Schule bilden sollten. 1167 gründete er auf der Halbinsel Shantung für seine Schüler das Kloster der Verwirklichung der Wahrheit. Nach Wangs Lehre hat ein Taoist dann die Wahrheit verwirklicht, wenn er seinen Geist erkannt und sein Wahres Wesen realisiert hat.
Das Ch'üan-chen tao stellt eine Synthese der Grundgedanken der drei großen Religionen Chinas, des Konfuzianismus, Buddhismus und Taoismus dar, wobei das zen-buddhist. Element vorherrscht. In seinem »Traktat zur Gründung des Weges der Verwirklichung der Wahrheit« *(Li-chiao, shih-wu-lun),* das die Richtlinien der Praxis seiner Schule enthält, verbindet Wang Ch'un-yang die Lehren des *Prajñāpāramitā-Sūtra* mit denen der Schule des Inneren Elixiers (→ Nei-tan). Sieben seiner Schüler, die als die »Sieben Erleuchteten des

Nordens« bekannt sind, riefen sieben verschiedene Strömungen innerhalb des Ch'üan-chen tao ins Leben. Einer von ihnen, Ch'iu Ch'u-chi, verfügte über ausgezeichnete Beziehungen zum Kaiserhof: Er war ein Schützling des Kaisers T'ai-tzu (1206–1227), dem Begründer der Yüan-Dynastie, der Ch'iu den Titel eines »Göttlichen Unsterblichen« *(shen-hsien)* verlieh. Dieser Verbindung verdankt die Schule ihre weite Verbreitung.
Im Laufe der Entwicklung erlangten zwei Strömungen innerhalb des Ch'üan-chen tao besondere Bedeutung: die von Ch'iu begründete Lung-men- (d. h. Drachentor-)Schule, auch Nördliche Schule genannt, zu deren wichtigsten Texten das »Geheimnis der Goldenen Blüte« (chin. → *Tai-i chin-hua tsung-chih*) zählt, und die ihren Hauptsitz im Kloster der Weißen Wolken (→Pai-yün kuan) hat, sowie die auf → Chang Potuan zurückgehende südliche Richtung, die aber nur bis ins 17. und 18. Jh. existierte.
Ziel der Anhänger des Ch'üan-chen tao ist es, die Welt des Alltags in der Erfahrung des Tao zu transzendieren. Ihre Praxis besteht in Mediation; Talismane (→ Fu-lu) und äußere alchemistische Praktiken (→ Wai-tan) spielen keine Rolle. Die → Tao-shih des Weges der Verwirklichung der Ganzheit leben in strengem Zölibat.

Chuang Chou → Chuang-tzu

Chuang-tzu, chin.; 1. taoist. Weiser, etwa 369–286 v. Chr., auch genannt Chuang Chou, der Autor des Werkes *Chuang-tzu* (siehe 2.), gemeinsam mit → Lao-tzu Begründer des philosoph. Taoismus (→ Tao-chia). Chuang-tzu stammte aus der heutigen Provinz Ho-nan; über sein Leben ist fast nichts bekannt. Er war verheiratet und bekleidete einen niedrigen Posten in Ch'i-yüan. Da er sich weigerte, einem Fürsten zu dienen, lebte er in ärmlichen Verhältnissen. In seiner Philoso-

phie ist er den Lehren des Lao-tzu verpflichtet. Er erweist sich als ein unerbittlicher Kritiker des Konfuzianismus.
2. Werk des Chuang-tzu (siehe 1.), das auch unter dem Namen *Wahres Buch vom südlichen Blütenland (Nan-hua chen-ching)* bekannt ist. Es besteht aus insgesamt 33 Büchern, wovon die ersten 7 die sog. Inneren Kapitel sind, die von Chuang-tzu selbst stammen. Die 15 Äußeren und 11 Vermischten Kapitel (Bücher) hingegen sind wahrscheinlich das Werk seiner Schüler.
Chuang-tzus Themen sind z. T. die gleichen wie die des Lao-tzu im → Tao-te ching: Ihre Auffassungen über das Wesen des → Tao und des → Te decken sich im wesentlichen. Die Haltung des absichtslosen Handelns (→ Wu-wei) nimmt im *Chuang-tzu* ebenfalls eine zentrale Stellung ein. Es wird die Relativität aller Gegensätze, die Identität von Leben und Tod und die Wichtigkeit der Meditation zur Erlangung der Einheit mit dem Tao betont. In der Natur sieht Chuang-tzu nichts als einen unaufhörlichen Wandel aller Erscheinungen. Als einer der ersten zeigt er den illusorischen Charakter der Welt auf. Im *Chuang-tzu* finden wir auch Einflüsse verschiedener nicht-taoist. Richtungen: Besondere Bedeutung für die Entwicklung der hier dargelegten Philosophie kommt → Hui Shih zu, der Chuang-tzus bester Freund war. Das Werk enthält zahlreiche Angriffe gegen Konfuzius (→ K'ung-tzu) und seine Schule: Chuang-tzu lehnt z. B. die zentralen konfuzian. Tugenden der Menschlichkeit (→ Jen) und Rechtlichkeit (→ I) als künstliche Kategorien ab, die leicht zu einer bloßen Idee werden, der keine gelebte Wirklichkeit entspricht.
Das *Chuang-tzu* wird nicht nur seiner philosoph. Tiefe wegen geschätzt; es zählt zu den literarisch wertvollsten Texten der chin. Literatur.

Chu Hsi, 1130–1200, einer der bedeutendsten Philosophen der chin. Geschichte; Repräsentant des sog. Neokonfuzianismus, der sich vor allem mit metaphysischen Problemen befaßt und von Buddhismus und philosoph. Taoismus (→ Tao-chia) beeinflußt wurde. Mit Chu Hsi erreichte die Lehre von → Li ihren Höhepunkt: Er untersuchte vor allem das Verhältnis von Li, dem Prinzip oder Gesetz eines Dinges, zu → Ch'i, seinem materiellen Aspekt. Als höchste Realität sieht Chu Hsi das → T'ai-chi, das Größte Letzte, an.

Chu-i, chin. → Wen-ch'ang

Chu-lin ch'i-hsien, chin., wörtl.: »Die sieben Weisen vom Bambushain«; Gruppe von sieben taoist. Gelehrten und Künstlern des 3. Jh. n. Chr. Der bedeutendste ist der Poet und Musiker Hsi K'ang (224–263). Seine Gefährten sind Juan Chi (210–263) und dessen Neffe Juan Hsien, ebenfalls beide Dichter und Musiker; Liu Ling (221–300), der größte Weinliebhaber unter ihnen, sowie Hsiang Hsiu, Wang Jung und Shan Tao.
Die sieben Freunde trafen sich in einem Bambushain in der Nähe von Hsi K'angs Haus, wo sie das Reine Gespräch (→ Ch'ing-t'an) pflegten und im Wein die Harmonie mit der Welt und die Einheit mit dem Tao suchten. Ihr Ideal bestand darin, ihren Impulsen zu folgen und spontan zu handeln. Charakteristisch für die sieben Weisen ist ihre Sensibilität für die Schönheiten der Natur.

Chung Li-ch'üan → Pa-hsien, → Ch'üan-chen tao

Ch'ung-yang, chin., wörtl.: »reines Yang« → Ch'üan-chen tao

Chün-tzu, chin. → K'ung-tzu, → Jen

D

Drachenkönig → Lung-wang

Dschuang Dsi, chin., andere Schreibweise für → Chuang-tzu

F

Fan, chin. → Fu

Fang-chang, chin., wörtl.: »Viereckklafter«, auch Fang-hu (»Vierecksurne«) genannt; eine der drei Inseln der Unsterblichen vor der Ostküste Chinas, die die Heimat von Unsterblichen (→ Hsien) sein sollen und zum Inbegriff von Glückseligkeit wurden. Die Suche nach diesen Inseln der Unsterblichkeit spielt im religiösen Taoismus (→ Tao-chiao) eine große Rolle (→ P'eng-lai, → Ying-chou).

Fang-chung shu, chin., wörtl.: »Künste der inneren Kammer«; Sammelbegriff für alle sexuellen Techniken, die zur Verwirklichung des → Tao und zur Erlangung der Unsterblichkeit (→ Ch'ang-sheng pu-ssu) führen.

Die verschiedenen taoist. Sexualtechniken zielen darauf ab, den Samen bzw. die Essenz (→ Ching) zu nähren und zu stärken, wobei der Adept jeweils der Energie des anderen Geschlechts bedarf, denn nur unter dem Einfluß des weiblichen Yin (→ Yin-yang) kann der Mann sein Yang stärken und umgekehrt. Die wichtigsten Methoden zur Stärkung des Ching sind das Vermeiden einer Ejakulation und das »Zurückkehrenlassen des Ching«, um »das Gehirn zu stärken« (→ Huan-ching pu-nao).

Kollektive sexuelle Praktiken sind aus den frühen taoist. Schulen bezeugt. Die Anhänger des Fünf-Scheffel-Reis-Taoismus (→ Wu-tou-mi tao) und des Wegs des Höchsten Friedens (→ T'ai-p'ing tao) praktizieren die sog. Vereinigung der Atem (→ Ho-ch'i). Die verschiedenen Fang-chung shu sind seit der Han-Dynastie bekannt und wurden bis ca. ins 7. Jh.

privat und öffentlich geübt. Dann jedoch wurden sie unter dem Druck der konfuzian. Moral in den privaten Bereich verdrängt. Seit der Sung-Dynastie finden sich in den taoist. Texten keine Hinweise auf diese Methoden, doch ist anzunehmen, daß sie bis in die jüngste Vergangenheit geübt wurden.

Fang-hu, chin. → Fang-chang

Fang-shih, chin., wörtl.: »Herr der Rezepte«, Magier; Vorläufer der taoist. Gelehrten und Priester (→ Tao-shih). Die ersten Berichte über Fang-shih stammen aus dem 3. Jh. v. Chr. Diese Magier lebten vor allem an der Nordostküste Chinas und beherrschten die verschiedensten Künste (chin. *fang-shu*): Astrologie, Astronomie, Kalenderwesen, Geistheilung, Wahrsagerei, Geomantie, Sexualpraktiken usw. Sie besaßen Rezepte zur Erlangung der Unsterblichkeit und waren Experten in der Suche nach den Inseln der Unsterblichen (→ P'eng-lai, → Fang-chang, → Ying-chou), was ihnen die Gunst der Herrscher sicherte. Sie verwendeten Drogen und Talismane (→ Fu-lu), hatten bereits Körper- und Atemtechniken zur Verlängerung des Lebens entwickelt und suchten Hilfe bei Gottheiten. Sie spielten daher eine wesentliche Rolle bei der Entstehung des religiösen Taoismus (→ Tao-chiao); ihre Kenntnisse bilden den Ausgangspunkt für die einzelnen Strömungen innerhalb des Tao-chiao. – Einer der berühmtesten und einflußreichsten Fang-shih war → Li Shao-chün.

Fei-sheng, chin., etwa: »bei hellem Tag gen Himmel steigen«; Metapher, die die Schlußapotheose eines Anhängers des religiösen Taoismus (→ Tao-chiao) beschreibt, dem durch verschiedene Übungen die Umwandlung seiner Natur gelungen ist und der zum Unsterblichen (→ Hsien) wurde.

Fu, auch Fan, chin., wörtl.: »Wiederkehr, Rückkehr«; Begriff des → *Tao-te ching,* der die wesenhafte Bewegung des Tao beschreibt: »Rückkehr ist die Bewegung des Tao« (*Tao-te ching,* Kap. 40). Die Rückkehr aller Dinge zu ihrem Ursprung ist das allen Erscheinungen zugrundeliegende Gesetz: Alle Dinge gehen aus dem Tao hervor und müssen wieder dorthin zurückkehren. Zur Wurzel zurückzukehren bedeutet in der taoist. Meditationspraktik, Erleuchtung erlangt zu haben.
Im *Buch der Wandlung(en) (→ I-ching)* bezeichnet Fu das Umschlagen einer Eigenschaft in ihr Gegenteil: Hat das Yin (→ Yin-yang) seinen Höhepunkt erreicht, kehrt das Yang zurück. Das Hexagramm »Fu«, das diese Bewegung symbolisiert, besteht aus einer ungebrochenen Yang-Linie unter fünf gebrochenen Yin-Linien. – Die Vorstellung von Fu als Wiederkehr der Jahreszeiten oder als die Abfolge von Leben und Tod spielt im chin. Denken ebenfalls eine zentrale Rolle.

Fu-ch'i, chin., wörtl.: »sich von Atem ernähren«; taoist. Atemtechnik, bei der man die Aufmerksamkeit auf den Atem lenkt, ihn in die Fünf Eingeweide (→ Wu-tsang) eindringen und dort zirkulieren läßt. Dann schickt man ihn weiter durch Füße, Herz, Nacken, die neun Körperöffnungen und die Gelenke. Dadurch »ernährt man den Körper«. – Diese Übung dient als Vorbereitung zur Embryonalatmung (→ T'ai-hsi).

Fu Hsi, Gestalt der chin. Mythologie, Gemahl von → Nü-kua. Fu Hsi ist der erste der Drei Erhabenen Kaiser Chinas, nach traditioneller Auffassung hat er von 2852 bis 2737 oder 2952 bis 2836 v. Chr. regiert. Die Menschheit verdankt ihm zahlreiche Erfindungen: Er lehrte den Gebrauch des Fischernetzes und somit den Fischfang sowie die Zähmung wilder Tiere und die Seidenraupenzucht. Er erfand das Winkelmaß, das zu seinem Emblem wurde und mit dem später der Große

Yü (→ Ta-yü) die Welt vermessen sollte. Seine wichtigsten Schöpfungen sind die Musik und die Acht Trigramme (→ Pakua, → *I-ching*), die die Grundlage der Schrift bilden sollen. Ferner schreibt ihm die Tradition die Erfindung des Orakelnehmens mittels Schafgarbenstengel zu. Er soll auch die hundert chin. Familiennamen erfunden und die Heiraten geregelt haben, die nur zwischen Personen mit verschiedenen Familiennamen stattfinden durften. Fu Hsi wird als menschliches Wesen mit Schlangenleib dargestellt. Auf Abbildungen in taoist. Tempeln hält er meist eine Tafel mit den Acht Trigrammen in der Hand.

Fu jih-hsiang, chin., wörtl.: »das Bildnis der Sonne in sich aufnehmen«; taoist. heliotherapeutische Technik, die begleitend zu den Atemübungen ausgeführt wird. Sie ist Männern vorbehalten; Frauen nehmen das Bildnis des Mondes in sich auf.

Fu-lu, chin.; in vielen Schulen des religiösen Taoismus (→ Tao-chiao) verwendete magische Talismane, die der Tradition nach das erste Mal von → Chang Tao-ling gebraucht wurden. Ihm sollen sie von → Lao-tzu offenbart worden sein. Die Fu-lu sind Papier-, Metall- oder Bambusstreifen, die chin. Schriftzeichen ähnelnde Linien tragen und vor Krankheiten schützen und Dämonen abhalten sollen. Die größte Verbreitung fand der Gebrauch von Talismanen in der Schule des → Cheng-i tao.

Fu-lu p'ai, chin., wörtl.: »Schule der Talismane« (→ Fu-lu); Sammelname für all jene Richtungen innerhalb des religiösen Taoismus (→ Tao-chiao), bei denen die Verwendung von Talismanen zur Heilung von Krankheiten und zur Vertreibung von Dämonen einen zentralen Platz einnimmt. Zu diesen Richtungen zählen der Weg des Höchsten Friedens (→ T'ai-p'ing tao) und der Fünf-Scheffel-Reis-Taoismus (→ Wu-tou-mi tao) sowie der Weg der Rechten Einheit (→ Cheng-i tao).

Fu-mo ta-ti → Kuan-ti

Fünf Elemente → Wu-hsing

Fünf-Scheffel-Reis-Taoismus → Wu-tou-mi tao

Fünf Wandlungsphasen → Wu-hsing

G

Gelbe Turbane → Huang-chin, → T'ai-p'ing tao

Goldenes Elixier → Chin-tan

H

Heng O, auch Ch'ang O genannt; Mondgöttin der chin. Mythologie, die Gemahlin des Himmlischen Schützens, Shen I, der von der Königlichen Mutter des Westens (→ Hsi wang-mu) die Droge der Unsterblichkeit (→ Ch'ang-sheng pu-ssu, → Hsien) erhalten hatte. Heng O entwendete sie ihm heimlich und nahm sie zu sich, doch hatte sie sie noch nicht völlig getrunken, als ihr Gemahl sie dabei ertappte. Die Unsterblichkeitsdroge verlieh ihr zwar die Kraft, sich in den Himmel zu erheben, da sie aber nicht die gesamte Menge der Droge getrunken hatte, mußte sie auf halbem Wege Halt machen und sich im Mond niederlassen. Shen I begab sich selbst in die Wohnstätte der Unsterblichen und wurde der Herrscher der Sonne. – Heng O wird auf einer dreifüßigen Kröte sitzend dargestellt.

Ho, chin., wörtl.: »Kranich«; taoist. Symbol der Unsterblichkeit (→ Ch'ang-sheng pu-ssu, → Shou) und der Weisheit. Der Kranich wird häufig gemeinsam mit einer Kiefer und einem Stein abgebildet, die ebenfalls Sinnbilder des langen Lebens sind. Taoist. Adepten, die Unsterblichkeit erlangt haben (→ Hsien), steigen auf einem Kranich reitend in den Himmel auf (→ Fei-sheng). Der rote Kopf des Kranichs ist ein Zeichen dafür, daß der Kranich seine Lebenskraft erhalten hat und aus reinem Yang (→ Yin-yang) besteht.

Ho-ch'i, chin., wörtl.: »Vereinigung der Atem«; kollektive sexuelle Orgien, die seit der Han-Dynastie in den taoist. Schulen des Wegs des Höchsten Friedens (→ T'ai-p'ing tao) und Fünf Scheffeln Reis (→ Wu-tou-mi tao) praktiziert wurden und bis in die Sung-Dynastie weiterlebten. Das Ho-ch'i hat die Vereinigung von Yin und Yang (→ Yin-yang), des weiblichen und männlichen Prinzips, zum Ziel. Dadurch wird das Lebensprinzip genährt (→ Yang-shing). Diese Übung macht die Erfahrung der Unsterblichkeit möglich.

Ho-shang kung, chin., wörtl.: »der Ehrwürdige am Fluß«; Kommentator des → *Tao-te ching,* der nach traditioneller Auffassung zu Beginn der Han-Dynastie zur Zeit des Kaisers Wen (180–157 v. Chr.) gelebt haben soll. Nach neueren Forschungen entstand der Kommentar, der seinen Namen trägt, jedoch am Ende der Han-Dynastie (2. Jh. n. Chr.). Sein Name rührt daher, daß er in einer Hütte am Ufer eines Flusses gelebt hat. Er wird im Taoismus als Unsterblicher (→ Hsien) verehrt.

Ho-t'u und Lo-shu, chin., wörtl.: »Diagramm des (Gelben) Flusses und Diagramm des Flusses Lo«; zwei magische Diagramme, die im Konfuzianismus die Herkunft des *Buches der Wandlung(en) (→ I-ching)* und des → *Hung-fan* erklären. Sie sind wahrscheinlich aus der Verbindung von Zahlenspekulationen mit der → Yin-yang-Lehre des *I-ching* hervorgegangen und werden im Kommentarwerk *Hsi-tz'u (→ Shih-i)* erwähnt. Das Ho-t'u ist so angeordnet, daß sowohl ungerade als auch gerade Zahlen die Summe 20 ergeben, wenn man die zentrale 5 und 10 außer acht läßt. Das Lo-shu ist ein magisches Diagramm, bei dem die Summe der horizontalen und der vertikalen Reihen sowie der Diagonalen jeweils 15 ergeben. In beiden Diagrammen sind die geraden (oder Yin-)Zahlen als weiße Kreise dargestellt, die ungeraden (oder Yang-)Zahlen als schwarze Kreise.
In ältester Zeit wurden die beiden Diagramme zur Wahrsagung verwendet. In der Schule der Inneren Alchemie (→ Nei-tan) dienen das Ho-t'u und Lo-shu zur Erklärung von Vor-

gängen im Inneren des Körpers beim Wirken des Inneren Elixiers.

Hou-t'ien, chin., wörtl.: »nach dem Himmel«; nach-himmlisch, nach-der-Zeit; Begriff des *Buches der Wandlung(en)* (→ *I-ching),* der den Zustand nach der Schaffung des Himmels, das Phänomenale, bezeichnet. Es kann auch Form oder das, was nach der Geburt ist, bezeichnen.
In der Hou-t'ien-Ordnung der Acht Trigramme (→ Pa-kua) des Königs Wen werden diese nicht nach ihren polaren Entsprechungen wie in der vor-himmlischen Ordnung, sondern nach ihrer periodischen Wiederkehr angeordnet. – In der Inneren Alchemie (→ Nei-tan) werden die großen körperlichen Formen der drei Lebenskräfte (→ Ching, → Ch'i und → Shen) nach-himmlisch genannt.

Hsiang Hsiu → Chu-lin ch'i-hsien, → Hsüan-hsüeh

Hsiang-sheng hsiang-k'o, chin. → Wu-hsing

Hsien, chin., Unsterblicher; Ideal des religiösen Taoismus (→ Tao-chiao). Bezeichnung für ein Wesen, das körperliche Unsterblichkeit erlangt hat, über die »Welt des Staubs« erhaben ist und über vielerlei magische Fähigkeiten verfügt.
Der Taoismus kennt verschiedene Wege, dem Körper jene reinen Energien wiederzugeben, die er bei der Geburt besessen hat, und dadurch Unsterblichkeit (→ Ch'ang-sheng pu-ssu) zu erlangen: Die einen versuchen auf alchemistischem Weg, ein Elixier des ewigen Lebens herzustellen (→ Wai-tan), andere gelangen durch Hygiene-Übungen (→ Innere-Gottheiten-Hygiene-Schule), Atemübungen (→ Hsing-ch'i, → Fu-ch'i, → T'ai, hsi usw.), Gymnastik (→ Tao-yin), Sexualpraktiken (→ Fang-chung shu), Fasten (→ Chai) oder Meditation (→ Tso-wang, → Shou-i, → Ts'un-ssu) an ihr Ziel.

In der taoist. Literatur begegnen wir verschiedenen Typen von Unsterblichen. Der große Alchemist → Ko Hung führt drei an: himmlische, irdische und solche Unsterbliche, die sich vom Leichnam lösen (→ Shih-chieh).
Aufenthaltsorte der irdischen Unsterblichen sind die Berge und Wälder; die taoist. Himmel (→ Tien), die Inseln der Unsterblichen (→ P'eng-lai, → Ying-chou, → Fang-chang) im Osten und das → K'un-lun-Gebirge im Westen sind die Aufenthaltsorte der himmlischen Unsterblichen.
Oft werden die Unsterblichen auf Kranichen reitend dargestellt: Diese Vögel können nach altem Glauben ein Alter von 1000 und mehr Jahren erreichen. Das Zinnoberrot ihres Kopfes ist Symbol dafür, daß sie ihre reine Lebenskraft erhalten haben und aus reinem Yang (→ Yin-yang) bestehen. Daher ist der Kranich der Vogel, auf dem der Unsterbliche in den Himmel aufsteigt (→ Fei-sheng). In die Ränge der Unsterblichen wurden in späterer Zeit auch besonders verdienstvolle Gestalten der chin. Geschichte aufgenommen. Die bekanntesten Hsien sind die Acht Unsterblichen (→ Pa-hsien).

Hsien-t'ien, chin., wörtl.: »vor dem Himmel«, vor-himmlisch, vor-der-Zeit; Begriff des *Buches der Wandlung(en) (→ I-ching)* der den Zustand vor der Schaffung des Himmels, das Absolute, bezeichnet. Hsien-t'ien kann auch als das Formlose, das, was vor der Geburt war, interpretiert werden.
Die Anordnung der Acht Trigramme (→ Pa-kua) durch → Fu Hsi wird als vor-himmlisch bezeichnet. In dieser Anordnung stehen einander je zwei Kräfte in einem polaren Verhältnis gegenüber und halten einander das Gleichgewicht. Die spätere, auf König Wen zurückgehende Anordnung der Trigramme ist als die nach-himmlische (→ Hou-t'ien) bekannt.
In der Inneren Alchemie (→ Nei-tan) wird die geläuterte, kosmische Form der drei Lebenskräfte (→ Ching, → Ch'i und → Shen) auch als vor-himmlisch bezeichnen.

Hsien-t'ien-t'u, chin. → Ch'en T'uan

Hsi K'ang → Chu-lin ch'i-hsien

Hsin-chai, chin., wörtl.: »Fasten, Enthaltsamkeit des Herzens«; Begriff des → Chuang-tzu, der die Läuterung der Seele bezeichnet, die die Erfahrung des Tao ermöglicht. Chuang-tzu beschreibt die Enthaltsamkeit des Herzens mit folgenden Worten: »Mache deinen Willen einheitlich! Höre nicht mehr mit den Ohren, sondern mit dem Herzen! Höre nicht mehr mit dem Herzen, sondern mit dem → Ch'i. Denn die hörende Wahrnehmung hat in den Ohren ihre Beschränkung; das Herz (d. h. das Bewußtsein) ist beschränkt durch seine Anpassung (an bestimmte äußere Dinge); das Ch'i hingegen nimmt durch Leerheit die Wesen auf. Und das Tao stellt sich in der Leerheit ein. Diese Leerheit wird durch Enthaltsamkeit des Herzens (des Bewußtseins) erzielt.« (Zit. n. M. Kaltenmark, 1981, S. 167.)

Hsing-ch'i, chin., wörtl.: »Kreisen-Lassen des Atems«; taoist. Atemübung, bei der man den Atem im Körper zirkulieren läßt und ihn in alle Teile des Körpers führt. Das Hsing-ch'i ist Teil der Embryonalatmung (→ Tai-shi), der Übungen des → Tao-yin, des → Tu-ku na-hsin und anderer Techniken zum Nähren des Körpers (→ Yang-sheng). Beim Hsing-ch'i wird der Atem durch die Kraft der Gedanken gelenkt. Jeder Übende entwickelt dabei seine eigene Methode: Manche sehen zwei weiße Linien, die der Atem hinterläßt (der Atem tritt durch die beiden Nasenlöcher ein und zirkuliert in zwei unabhängigen Strömen im Körper). Andere stellen sich ein Männchen vor, das den Atem führt und das sie in Gedanken auf seinem Weg verfolgen. – Man läßt den Atem langsam im Körper kreisen und trachtet, ihn in alle Körperteile zu schicken. So können Krankheiten geheilt und Blockaden aufgelöst werden.

Hsing-ming, chin., wörtl.: »Wesen und Leben«; nach taoist. Auffassung das spirituelle Wesen und das Leben oder Schicksal eines Menschen. Ming stellt die Substanz von Leben und Tod dar, Hsing die Wurzel des spirituellen Bewußtseins. – Ming wird als der Ursprung des lebenverleihenden Atems (→ Ch'i) angesehen, während Hsing als der Ursprung des Geistes (→ Shen) gilt.

Hsi wang-mu, chin., wörtl.: »Königliche Mutter des Wissens«; taoist. Gestalt, die über das im Westen gelegene Paradies im → K'un-lun-Gebirge herrscht. Sie ist die Gebieterin der Unsterblichen (→ Hsien). Hsi wang-mu wird als schöne junge Frau in königlichen Gewändern dargestellt, manchmal auch auf einem Pfau reitend. In ihrem Paradies bewohnt sie einen neunstöckigen Palast aus Jade, der von einer Mauer aus purem Gold umgeben ist, die tausend Meilen lang ist. Die männlichen Unsterblichen bewohnen den rechten Flügel des Palastes, die weiblichen den linken.

In ihrem Garten läßt Hsi wang-mu die Pfirsiche der Unsterblichkeit heranreifen; wer von ihnen ißt, ist über den Tod erhaben. Der wunderbare Pfirsichbaum setzt allerdings nur alle 3000 Jahre eine Frucht an, die dann weitere 3000 Jahre zum Ausreifen benötigt. Ist der Pfirsich reif, lädt die Königliche Mutter des Westens alle Unsterblichen zu einem Fest ein, um ihren Geburtstag zu feiern und den Pfirsich zu essen, der erneut Unsterblichkeit verleiht. Dieses Fest ist in der chin. Literatur unzählige Male beschrieben.

Hsü, chin. → Hsing-ming

Hsüan-hsüeh, chin., wörtl.: »Geheimnisvolle mystische Lehre«; Neotaoismus genannte philosoph. Strömung des 3. und 4. Jh., die ihre Wurzeln im philosoph. Taoismus (→ Tao-chia) des Lao-tzu und Chuang-tzu hat. Der Begriff selbst geht auf das *Tao-te ching* zurück, in dem das → Tao als »Geheimnis der Geheimnisse« beschrieben wird. Die Vertreter des Hsüan-hsüeh verbinden taoist. mit konfuzian. Gedankengut. Sie betrachten Konfuzius (→ K'ung-tzu) als den größten Weisen, der über Lao-tzu und Chuang-tzu steht, da er eine höhere Stufe der Einsicht erreicht habe. In neotaoist. Kreisen pflegt man eine besondere Art der Konversation, die als Reines Gespräch (→ Ch'ing-t'an) bekannt ist. Die bedeutendsten Repräsentanten des Hsüan-hsüeh waren → Wang Pi (226–249), Hsiang Hsiu (221–300) und Kuo Hsiang (?–ca. 312), die wichtige Kommentare zum *Tao-te ching* verfaßten.

Hsüan-tsung, 685–762, chin. Kaiser der T'ang-Dynastie, einer der bedeutendsten Förderer des Taoismus in der chin. Geschichte. Er befahl die Errichtung eines taoist. Tempels in jeder Stadt des Reiches. Jede Familie mußte ein Exemplar des → *Tao-te ching* besitzen. Er selbst erwarb im Jahr 721 ein Laiendiplom, das seine Vertrautheit mit der taoist. Lehre bewies. 741 ließ er die Basistexte des philosoph. Taoismus (→ Tao-chia), nämlich → *Chuang-tzu,* das *Tao-te ching* und → *Lieh-tzu,* offiziell als Klassiker anerkennen. Für die Beamtenprüfungen konnten somit statt der konfuzian. auch taoist. Klassiker als Prüfungsgegenstände gewählt werden. Diese Regelung wurde allerdings unter dem Nachfolger von Hsüantsung wieder rückgängig gemacht.

Hsün-tzu → Konfuzianismus

Hua-hu ching, chin., wörtl.: »Klassiker über die Konvertierung der Barbaren«; taoist. Werk, das um 300 n. Chr. entstanden ist und die missionarischen Aktivitäten des → Lao-tzu »im Westen Chinas« (d. h. in Indien) beschreibt. Es vertritt die These, daß der Buddha ein Schüler von Lao-tzu war und der Buddhismus somit eine Variante des Taoismus darstellt.

Huai-nan-tzu, chin. philosoph. Werk aus dem 2 Jh. v. Chr., eine Sammlung von Schriften jener Gelehrten, die sich um Liu An, den Prinz von Huai-nan, auch genannt Huai-nan-tzu, scharten. Er selbst wurde in ein Komplott gegen den Herrscher verwickelt und beging 122 v. Chr. Selbstmord.
Ähnlich dem → *Lü-shih ch'un-ch'iu* stellt das *Huai-nan-tzu* einen Querschnitt durch die Anschauungen der philosoph. Schulen des 2. Jh. dar. Den Schwerpunkt bildet taoist. Gedankengut. Von besonderer Bedeutung sind die Kapitel über den Ursprung des Kosmos, der im *Huai-nan-tzu* klarer als in anderen Werken dargestellt wird. Ferner behandelt das *Huai-nan-tzu* u. a. die Lehre der Fünf Elemente (→ Wu-hsing) und des → Yin-yang.

Huan-ching, chin., wörtl.: »den Samen zurückkehren lassen«; taoist. sexuelle Übung zur Lebensverlängerung, bei der der Taoist die mit dem Atem (→ Ch'i) vermischte Essenz (→ Ching) im Körper zirkulieren läßt und sie vom Unteren ins Obere Zinnoberfeld (→ Tan-t'ien) führt, um das »Gehirn zu stärken« *(pu-nao)*. Voraussetzung für die Übung des Huan-ching ist, daß der Adept sein Ching bereits vermehrt und gestärkt hat, indem er beim Geschlechtsverkehr eine Ejakulation vermeidet. (Siehe dazu auch → Huang-ching pu-nao.)

Huan-ching pu-nao, chin., wörtl.: »den Samen zurückkehren lassen, um das Gehirn zu stärken«; taoist. Sexualtechnik (→ Fang-chung shu) zur Stärkung der Essenz (→ Ching) und Verlängerung des Lebens.
Beim Huang-ching pu-nao umfaßt der Mann unmittelbar vor der Ejakulation die Peniswurzel fest mit zwei Fingern, atmet tief durch den Mund aus und knirscht mit den Zähnen (→ K'ou-ch'ih). Dadurch kann der Samen bis ins Obere Zinnoberfeld (→ Tan-t'ien) im Gehirn aufsteigen. Diese Übung darf nur an bestimmten Tagen und zu gewissen Stunden in ei-

nem Zustand meditativer Versunkenheit durchgeführt werden.
Die verjüngende Wirkung dieser Methode beruht darauf, daß sich der Samen (Ching) mit der Vitalenergie (→ Ch'i) vereinen kann. Diese Vereinigung erfolgt je nach Auffassung in der Luftröhre, wohin die Essenz aufsteigt, oder aber im Unteren Zinnoberfeld, wohin der Atem absteigt. So vereint, zirkulieren beide im Körper, bis sie schließlich wieder vom Unteren ins Obere Zinnoberfeld, genauer, in den Teil des Feldes, der als → Ni-huan bekannt ist, geführt werden, wodurch das Gehirn »repariert« wird. – Von manchen Taoisten wird diese Methode auch als Vorübung zu den meditativen Atemtechniken der Inneren Alchemie (→ Nei-tan) praktiziert.

Huang-chin, chin., wörtl.: »Gelbes Tuch«, Gelbe Turbane; Bezeichnung für die Anhänger des von → Chang Chüeh begründeten Wegs des Höchsten Friedens (→ T'ai-p'ing tao). Sie trugen ein gelbes Tuch um den Kopf geschlungen, zu Ehren des Gelben Kaisers (→ Huang-ti), der neben → Lao-chün als Begründer der T'ai-p'ing tao-Bewegung gilt.
Die im Jahre 184 n. Chr. von den Mitgliedern des Wegs des Höchsten Friedens organisierte Rebellion ist als der Aufstand der Gelben Turbane (Huang-chin ch'-i) in die Geschichte eingegangen.

Huang-ch'üan, chin., wörtl.: »Gelbe Quellen«; nach alter chin. Auffassung die Unterwelt, in die die Yin-Seelen (→ Yin-yang, → P'o) nach dem Tod des Menschen wieder zurückkehren. Sie sind ein von Wasser durchfluteter Ort, der im Norden gelegen ist. Daher wurden in ältester Zeit die Toten im Norden der Stadt mit dem Kopf nach Norden begraben.

Huang-lao, chin., wörtl.: »gelb-alt«; taoist. Gottheit. Mit Huang ist → Huang-ti, der Gelbe Kaiser, mit Lao → Lao-tzu gemeint. Beide gelten im religiösen Taoismus (→ Tao-chiao) als dessen Begründer. Seit ca. 200 v. Chr. wurden beide gemeinsam als Huang-lao verehrt. Später entwickelte sich aus Huang-lao eine der wichtigsten Gottheiten des frühen Taoismus, → Huang-lao-chün, der die Hauptgottheit des Wegs des Höchsten Friedens (→ T'ai-p'ing tao) war.

Huang-lao-chün, chin., wörtl.: »Herr Gelber Alter«; wichtigste Gottheit des frühen Taoismus, Hauptgottheit des Wegs des Höchsten Friedens (→ T'ai-p'ing tao, → Huang-lao). – In der populären Auffassung gilt Huang-lao-chün als der Herrscher der Welt, der sich in die Welt herabläßt, um die Menschen zu leiten und ihnen hilfreich zur Seite zu stehen. Seit dem Beginn der Welt soll er immer wieder in der Gestalt taoist. Meister erschienen sein, um die taoist. Lehre zu verbreiten. → Lao-tzu ist eine seiner Inkarnationen.

Huang-ti, chin., wörtl.: »Gelber Kaiser«; einer der legendären Kaiser, der 2697–2597 oder 2674–2575 v. Chr. gelebt haben soll und als einer der Begründer des religiösen Taoismus (→ Tao-chiao) verehrt wird. Ihm schreibt man die Erschaffung der Menschen, die Erfindung der Schrift, der Seidenraupenzucht, der Töpferscheibe und des Kompasses zu. Der Gelbe Kaiser gilt auch als »Begründer der Gesellschaftsordnung«, da er es gewesen sei, der jeder Familie einen Namen zuwies. Ferner wird ihm das erste medizinische Werk Chinas, das → *Huang-ti nei-ching,* zugeschrieben.

Huang-ti nei-ching, chin., wörtl.: »Innerer Klassiker des Gelben Kaisers«; erstes medizinisches Werk Chinas. Es wird dem Gelben Kaiser (→ Huang-ti) zugeschrieben, ist wahrscheinlich aber erst im 3. oder 2. Jh. v. Chr. entstanden. Es enthält die grundlegenden Theorien der chin. Medizin, wie sie heute noch gültig sind. Der Titel des Werkes wird i. allg.

mit »Des Gelben Kaisers klassisches Buch der Inneren Medizin« übersetzt.

Huang-t'ing ching, chin., wörtl.: »Klassisches Buch der Gelben Halle«; taoist. Werk aus dem 3. Jh., das die wichtigsten Körpergottheiten (→ Shen) und deren Funktionen beschreibt. Es enthält daneben auch Anweisungen zu Atemübungen, vor allem zum Kreisenlassen des Atems (→ Hsing-ch'i), zu Sexualpraktiken (→ Fang-chung shu) und anderen Techniken zur Erlangung der Unsterblichkeit.
Der Terminus »Gelbe Halle« wird bereits in einer Inschrift zu Ehren des → Lao-tzu aus dem Jahr 165 n. Chr. erwähnt: »Tritt ein und aus aus der Zinnober-Hütte, geh hoch und hinab in die Gelbe Halle.« (Zit. n. R. Homann, 1971, S. 57.)

Huan-tan, chin., wörtl.: »zurückgeführter Zinnober«; in der Sprache der taoist. Alchemisten ein lebensverlängerndes Elixier, das durch zyklische Transformation gewonnen wird: Der Zinnoberstaub wird erhitzt und dadurch in Quecksilber verwandelt. Durch die anschließende Oxydation des Quecksilbers erhält der Alchemist ein zinnoberrotes Oxyd, was den Begriff »zurückgeführter« Zinnober erklärt. Dieser Prozeß wurde meist neunmal wiederholt, wodurch das »Neunmal zurückgeführte Elixier« *(Chiu-huan-tan)* entstand.

Hua T'o, 2.–3. Jh., taoist. Arzt; ein berühmter Chirurg und erster Anästhesist, der wesentlich an der Entwicklung taoist. Gymnastikmethoden (→ Tao-yin) beteiligt war.
Nach Hua T'o bewirken Körperübungen das Ausscheiden negativer Energie, die durch den Genuß von Körnerfrüchten entsteht (→ Pi-ku), und die Erhaltung des freien Flusses des Blutes. Tao-yin kann dem alternden Körper wieder ein jugendliches Aussehen verleihen. Hua T'o selbst erfand die Ch'i-kung-Übung der »Bewegungen der fünf Tiere« *(wu-*

ch'in-hsi). Die Übung besteht darin, die Bewegungen von Tiger, Hirsch, Bär, Affe und Vogel nachzuahmen, was den Fluß des → Ch'i im Körper anregt und ausgleicht und damit der Gesundheit förderlich ist. Eine Anleitung zu dieser Übung findet sich in: J. Zöller, *Das Tao der Selbstheilung,* 1984, S. 256ff.

Hui Shih, ca. 370–310 v. Chr., Philosoph der Zeit der Streitenden Reiche; Vertreter der »Schule der Namen«, die sich mit dem Problem der Beziehung zwischen Namen und Wirklichkeit auseinandersetzt. Hui Shih war mit Chuang-tzu befreundet, in dessen Werk uns seine Gedanken überliefert worden sind. Innerhalb der Schule der Namen repräsentierte er die Richtung der »Vereinigung der Gegensätze«. Sein zentraler Gedanke ist der der Einheit des Universums, das ein einziges Ganzes bildet. Dieser Gedanke kommt in der Gleichsetzung verschiedener Größenvorstellungen zum Ausdruck: »Es gibt nichts außerhalb des unendlich Großen, das ich das Große Eine (→ T'ai-i) nenne; es gibt nichts innerhalb des unendlich Kleinen, das ich das Kleine Eine (Hsiao-i) nenne.« (Zit. n. M. Kaltenmark, 1981, S. 129.)
Hui Shih relativiert alle Unterschiede und Gegensätze: Himmel und Erde sind nicht verschieden voneinander. Diese Auffassung findet ihren direkten Ausdruck in der unterschiedslosen Liebe zu allen Dingen. Seine berühmten Paradoxa zielen darauf ab, tief verwurzelte Vorstellungen über die Eigenschaften der Dinge und die Natur der Wesen in Frage zu stellen.

Hui-tsung, 1082–1135, Kaiser der Sung-Dynastie, der einer der bedeutendsten Förderer des Taoismus unter den chin. Kaisern war. Während seiner Regierungszeit wurden im ganzen Land zahlreiche taoist. Tempel und Klöster (→ Kuan) errichtet. Er selbst nannte sich »Edler des Tao«. – Sung Hui-tsung verlieh dem Jadekaiser (→ Yü-huang), einer der wichtigsten Gottheiten des Taoismus, den Titel Shang-ti (Gott). Außerdem förderte er die Arbeiten am taoist. Kanon (→ Tao-tsang).

Hun, chin., »Hauchseele«; eine der beiden Arten von Seelen, die nach chin. Auffassung ein Mensch besitzt; die andere ist die sog. Körperseele (→ P'o). Leben und Gesundheit eines Menschen sind vom harmonischen Zusammenspiel dieser beiden Kräfte abhängig. Der Tod tritt dann ein, wenn sich Hun und P'o voneinander lösen.

Hung-fan, chin., wörtl.: »großer Plan, große Norm«; ein Kapitel aus dem *Shu-ching,* dem *Buch der Schriften,* einem der konfuzian. Klassiker, in dem u. a. zum ersten Mal die Lehre von den Fünf Elementen (→ Wu-hsing) dargelegt wird.

I

I, chin., etwa: »Rechtschaffenheit, Pflicht«; Begriff der konfuzian. Philosophie. Nach I zu handeln bedeutet, den Forderungen einer Situation aus moralischer Verpflichtung nachzukommen, ohne an den Gewinn *(li)* zu denken. I und Li stehen in krassem Gegensatz zueinander. Rechtschaffenheit ist eine der fünf Kardinaltugenden des Konfuzianismus (→ Wu-ch'ang, → K'ung-tzu).
In den *Gesprächen (Lun-yü)* des Konfuzius heißt es (IV, 16): »Der Edle ist bewandert in der Pflicht, der Gemeine ist bewandert im Gewinn.«

I, chin., wörtl.: »Wandel, Wandlung« → I-ching

I-ching, chin., wörtl.: »Buch der Wandlung(en)«; auch »I-Ging« transkribiert; chin. Weisheits- und Orakelbuch aus der Übergangszeit von der Yin- zur Chou-Dynastie, dessen wesentliche Gedanken dem → Konfuzianismus entstammen, in das aber auch taoist. Vorstellungen eingeflossen sind. Das *Buch der Wandlung(en)* basiert auf der Vorstellung zweier polarer Kräfte, die durch ihre Aktivität alle Dinge erschaffen. Anfangs wurden sie einfach als das Helle und das Dunkle, später als Yin und Yang (→ Yin-yang) bezeichnet. Die Interaktion von Yin und Yang erzeugt den Wandel (I), der als die Bewegung des → Tao zu verstehen ist.
Das Grundgerüst des *Buches der Wandlung(en)* bilden die Acht Trigramme (→ Pa-kua), die jeweils aus einer Kombination von gebrochenen und ungebrochenen Linien bestehen. Durch Kombination von jeweils zwei Trigrammen wurden die 64 Hexagramme geschaffen. Im Kerntext des Werkes fin-

den wir die Beschreibungen der einzelnen Hexagramme und ihrer Linien, die Bilder von Wandlungszuständen darstellen, und Erläuterungen, die die soziale und politische Dimension des jeweiligen Zeichens erfassen. Die später hinzugekommenen Kommentare (→ Shih-i) zum Text stellen Interpretationen aus konfuzian. Sicht dar.
Das *I-ching* wurde urspr. wahrscheinlich als Wahrsagebuch verwendet. In den Anfängen der chin. Orakelkunst waren die Antworten auf die Fragen nur »ja« oder »nein«, die durch eine ungebrochene Linie —— oder eine gebrochene — — wiedergegeben wurden. Doch bald genügten diese einfachen Striche nicht mehr, um der komplexen Wirklichkeit gerecht zu werden, und es entstanden Trigramme und Hexagramme. Diese spiegeln die Vorgänge im Himmel und auf Erden wider, wobei der Übergang (die Wandlung) von einem Zustand in den anderen im Mittelpunkt steht. Diese Prozesse sind in knappen Sprüchen als kosmische oder soziale Situationen beschrieben. Der Wandel kommt in den Hexagrammen dadurch zum Ausdruck, daß diese ebenfalls in ständiger Bewegung begriffen sind, indem ein oder mehrere Striche des Hexagramms in ihr Gegenteil umschlagen und somit jedes andere Hexagramm bilden können. Dies erlaubt es, die gesamte Wirklichkeit einzufangen.
Das Orakelnehmen erfolgt in der traditionellen Form mittels 50 Schafgarbenstengeln oder in einer vereinfachten Prozedur mit Hilfe von drei Münzen. Dt. Übersetzungen des chin. Originaltextes (es gibt auch eine Reihe von interpretierenden »Nachempfindungen« des *I-ching* aus westlicher Sicht), die auch Beschreibungen der Technik des Orakelnehmens enthalten, sind: *I Ging. Das Buch der Wandlungen,* übers. v. R. Wilhelm, Jena 1924, Neuausg. Düsseldorf/Köln 1956; *I-Ging. Das Buch der Wandlung,* hrsg. v. J. Blofeld, Bern 1983.
Die Hexagramme des *I-ching* wurden auch von den Vertretern der Inneren Alchemie (→ Nei-tan) übernommen, die

durch sie verschiedene innere Prozesse versinnbildlichen (→ Ch'ien und K'un, → K'an und Li).

I-chuan, chin., wörtl.: »Kommentare zu den Wandlungen«; andere Bezeichnung für die Zehn Kommentare zum *Buch der Wandlung(en) (→ I-ching)*. Näheres dazu siehe → Shih-i.

I-Ging, chin. → I-ching *(Buch der Wandlung[en])*

Innere-Gottheiten-Hygiene-Schule, spezielle Richtung innerhalb des religiösen Taoismus (→ Tao-chiao), in der allen menschlichen Körperteilen und Organen besondere Gottheiten (→ Shen) zugeordnet werden. Diese werden durch Meditation, richtige Ernährung, Anrufungen usw. dazu bewogen, den Körper zu schützen und Unsterblichkeit zu verleihen. Diese inneren Gottheiten sind identisch mit jenen, die die taoist. Himmel bewohnen. – Grundlegender Text dieser Schule, die zwischen dem 2. und 6. Jh. n. Chr. florierte, ist das → *Huang-t'ing ching*.

Inneres Elixier → Nei-tan

J

Jen, chin., etwa: »Menschlichkeit, Menschenliebe«; zentrale Tugend des → Konfuzianismus, wichtigste Charaktereigenschaft des idealen Menschen (*chün-tzu:* »Fürstensohn«) der Lehre des Konfuzius (→ K'ung-tzu). Jen ist die Manifestation der unverfälschten Natur des Menschen in Übereinstimmung mit den Geboten der Sittlichkeit (→ Li). Sie gründet auf der Sympathie für die Mitmenschen und findet ihren Ausdruck in der Haltung der Gegenseitigkeit *(shu)* und Loyalität *(chung)*. In den *Gesprächen (Lun-yü)* sagt Konfuzius (VI, 28): »Die eigenen Wünsche als Maßstab für das Verhalten anderen gegenüber zu verwenden, das ist die Methode von Jen.« Auf die Frage, was das Wesen von Jen sei, antwortet er: »Die Menschen zu lieben.« (Zit. n. *Gespräche,* Düsseldorf/Köln 1982.)

Juan Chi → Chu-lin ch'i-hsien

Juan Hsien → Chu-lin ch'i-hsien

Ju ching, chin., wörtl.: »in die Stille eintreten«; das Stillwerden am Beginn der taoist. Meditation. Der Taoist zieht sich dazu an einen ruhigen Ort zurück, schließt die Augen, schaltet alle störenden Gedanken aus und reinigt den Geist. Erst in diesem Zustand ist er für die eigentliche Meditation bereit.

Ju-i, chin. (jap. Nyoi), wörtl.: »wie man will«; Bezeichnung für das »wunscherfüllende Zepter«, ein häufiges Attribut taoist. oder buddhist. Heiliger oder Meister.

K

Kan-Chi → Yü Chi

K'an und Li, chin.; 29. und 30. Hexagramm des → *I-ching,* zwei der Acht Trigramme (→ Pa-kua).
Das Triagramm K'an besteht aus einer gebrochenen, einer ungebrochenen und einer gebrochenen Linie: ☵; das Hexagramm K'an besteht aus 2 Trigrammen: ䷜.
Das Trigramm Li besteht aus einer ungebrochenen, einer gebrochenen und einer ungebrochenen Linie: ☲; das Hexagramm ist ebenfalls eine Verdoppelung des Trigramms: ䷝.
K'an und Li stellen die Vereinigung von Yin und Yang (→ Yin-yang) dar, die durch die Trigramme bzw. Hexagramme → Ch'ien ☰ ䷀ und K'un ☷ ䷁ symbolisiert werden, aber auch die Funktion des → Tao, das Himmel (Ch'ien) und Erde (K'un), den Mikro- und den Makrokosmos durchdringt. Wie es im *Buch der Wandlung(en)* heißt, können sie nicht fixiert werden, sondern zirkulieren in der Leere zwischen den 6 Zeilen eines Hexagramms und bilden somit die übrigen Hexagramme. Gemeinsam mit Ch'ien und K'un gelten sie als die »Eltern« der restlichen Hexagramme.
In den Texten der taoist. Alchemisten (→ Nei-tan, → Waitan) sind K'an und Li die Ingredienzien, aus denen das Elixier gewirkt wird.

Ko Hung, 284–364, einer der bedeutendsten Alchemisten und Theoretiker des Taoismus; der Autor des *Pao-p'u-tzu,* einer Enzyklopädie der Methoden, Unsterblichkeit zu erreichen. Im esoterischen Teil beschreibt er neben Methoden zur

Erlangung der Unsterblichkeit Verfahren zur Verwandlung der äußeren Gestalt, zur Herstellung von Talismanen sowie Zaubersprüche u. ä. Dabei benutzte er alle ihm zur Verfügung stehenden taoist. Texte, was manche Widersprüchlichkeit der Angaben erklärt. – Der exoterische Teil enthält konfuzian. Gedankengut.

Das Verdienst von Ko Hung war es, die Unsterblichkeitslehren zu systematisieren und mit den zentralen Lehren des → Konfuzianismus (→ K'ung-tzu) zu verbinden. Er betont, daß es unmöglich ist, Unsterblichkeit zu erreichen, wenn man sich nicht gleichzeitig in den konfuzian. Tugenden (→ Wu-ch'ang) übt. Damit beeinflußte er entscheidend die moralische Orientierung des Taoismus. Ko Hung war ein Gegner der neotaoist. Strömung des → Ch'ing-t'an (→ Hsüan-hsüeh), dem er jeden Wert für die religiöse Praxis absprach.

Ko Hung war auch ein hervorragender Arzt. In einem seiner medizinischen Werke finden wir die erste Beschreibung der Pocken und der Papageienkrankheit.

Konfuzianismus (chin. Ru-chia, etwa: »Schule der Gelehrten«); auf der Lehre des Konfuzius (→ K'ung-tzu) basierende universalistische Staatsdoktrin, in der philosophische, religiöse, sozialpolitische und lebensanschauliche Aspekte miteinander verbunden sind. Ausgangspunkt des Konfuzianismus stellen die dem Konfuzius zugeschriebenen Klassiker dar. Für die Erweiterung der Lehre waren vor allem Meng-tzu (a. 372–289 v. Chr., im deutschen Sprachraum als Mencius bekannt) und Hsün-tzu (ca. 313–238 v. Chr.) maßgeblich. Im Zentrum der Lehre des Meng-tzu steht der Glaube an die vom Himmel (→ T'ien) gegebene Güte der menschlichen Natur, die im konfuzian. »Heiligen« ihre Vollkommenheit erlangt. Der Heilige spielt bei Meng-tzu eine wesentliche Rolle in der Aufrechterhaltung des sog. königlichen Weges *(wang-tao)* gegenüber allen Irrlehren und moralischem Verfall. Im

Gegensatz zu Meng-tzu vertritt Hsün-tzu die Auffassung, daß der Mensch von Natur aus nicht gut sei, sondern erst dazu erzogen werden müßte. Er betont außerdem die Rolle von → Li als kosmisches Ordnungsprinzip.
Der ritualistische Aspekt des Konfuzianismus kommt vor allem in zwei Teilen des *Buches der Riten (Li-chi,* → K'ung-tzu), nämlich der »Großen Lehre« *(Ta-hsüeh),* die die Verbindung zwischen Persönlichem und Kosmischem betont, sowie in der »Anwendung der Mitte« *(Chung-yung),* die die Rolle des Heiligen als Mittler zwischen Himmel und Erde beschreibt, zum Ausdruck.
In der Folge wurde die konfuzian. Lehre vom sog. Legalismus verdrängt und gewann erst wieder während der Han-Dynastie an Bedeutung. Unter Kaiser Han Wu-ti wurde der Konfuzianismus, bereichert um politisch wesentliche legalistische Elemente, zur orthodoxen Lehre erhoben. An der kaiserlichen Akademie wurden Gelehrte für die klass. Werke angestellt, was den Beginn der Rekrutierung von Staatsbeamten durch staatliche Prüfungen, die die konfuzian. Lehre zum Inhalt hatten, darstellt.
Wesentlich an der Schöpfung der konfuzian. Staatsdoktrin war T'ung Chung-shu beteiligt, der die kosmologischen Spekulationen des → Yin-yang chia und der Lehre der Fünf Elemente (→ Wu-hsing) mit den staats- und sozialethischen Elementen der konfuzian. Klassiker verband.
Zwischen dem 3. und 8. Jh. drangen Elemente anderer philosoph. Strömungen in den Konfuzianismus ein, vor allem taoist. und buddhist. Gedankengut, was die Vorstufe zu einer Wiederbelebung mystischer Traditionen im Konfuzianismus zur Folge hatte. In dieser Zeit erhielt das → *I-ching* seine mystische Bedeutung. An die Stelle mechanistischer Entsprechungen zwischen Mensch und Natur trat die Suche nach einer inneren Verbindung mit dem Urprinzip der Welt, dem → Tao. Die Phase der Wiederbelebung mystischer Traditionen

und deren Einbeziehung in den konfuzian. Kanon ist im Westen als Neokonfuzianismus bekannt.
Die sog. Vier Bücher (Ssu-shu), nämlich die *Gespräche* des Konfuzius sowie das *Meng-tzu, Ta-hsüeh* und *Chung-yung,* übertrafen die fünf Klassiker des frühen Konfuzianismus an Bedeutung. Die wesentlichste Neuerung des Neokonfuzianismus war die metaphysische Begründung der traditionellen Ethik. Von besonderer Bedeutung ist der Begriff des Li, des Prinzips, der auch im Mittelpunkt des Werkes des wohl bedeutendsten Vertreters des Neokonfuzianismus, → Chu Hsi, steht.
In der Folge nahmen philosoph. Spekulationen einen immer breiteren Raum ein. Erste kritische Ansätze sind in der ausgehenden Ming-Dynastie zu erkennen, doch erst im 19. Jh. trat die Hohlheit des orthodoxen konfuzian. Denkens unter dem Einfluß westl. Philosophie klar hervor.
Auf verschiedene Reformbewegungen folgten konservative Reaktionen. 1905 wurden die Staatsprüfungen abgeschafft, was das Ende des konfuzian. Staates bedeutete.
In der Republikzeit wurde der Konfuzianismus vor allem in Zusammenhang mit dem Problem des Selbstverständnisses des chin. Volkes gesehen. Er spielt bis heute als Lebensphilosophie eine wesentliche Rolle.

Konfuzius → K'ung-tzu

K'ou Ch'ien-chih, 365–448, taoist. Meister, der urspr. der Schule des Fünf-Scheffel-Reis-Taoismus (→ Wu-tou-mi tao) angehörte. Aufgrund verschiedener Visionen, in denen ihm → Lao-tzu erschien, führte er Reformen innerhalb dieser Schule durch, die vor allem darauf abzielten, sie von sexuellen Praktiken zu säubern. 415 nahm er den Titel eines Himmlischen Meisters (→ T'ien-shih) an. Unter dem Einfluß des K'ou Ch'ien-chih wurde der Taoismus zur Staatsreligion erhoben. Er gab auch den Anstoß zur Verfolgung der Buddhisten in Nordchina in den Jahren 438 bis 445.

K'ou-ch'ih, chin., wörtl.: »Zähneklappern«; taoist. Gesundheitsübung, bei der man sechsunddreißigmal Ober- und Unterkiefer zusammenschlagen läßt. Das K'ou-ch'ih wird zu Beginn der meisten Atem- und sonstigen Hygieneübungen durchgeführt. Es fördert die Speichelproduktion (→ Yü-chiang) und dient nach Auffassung der → Inneren-Gottheiten-Hygiene-Schule dazu, die Aufmerksamkeit der Körpergottheiten (→ Shen) zu wecken.

Kuan, chin., wörtl.: »Schauen«; Bezeichnung für ein taoist. Kloster. In den Kuan, die nach buddhist. Vorbild errichtet wurden, lebten in der Frühzeit des Taoismus je nach der Schule entweder Mönche, die das Zölibat einhielten (→ Tao-shih) oder Laienpriester mit ihren Familien. Im 6. Jh. wurden die Klöster unter dem Einfluß von → Sung Wen-ming zu reinen Mönchs- und Nonnenklöstern. Die verheirateten taoist. Lehrer (Shih-kung) leben mit ihren Familien außerhalb der Klostermauern.

Kuan-ti, chin., wörtl.: »Kaiser Kuan«; taoist. Kriegsgottheit, die gegen alle Friedenstörer zu Felde zieht. Kuan-ti, dessen Verehrung im 7. Jh. aufkam, hat die Aufgabe, das Reich gegen alle äußeren Feinde und inneren Rebellen zu schützen. Kuan-ti ist außerdem für die Beamten zuständig, die ihm spezielle Verehrung zukommen lassen. In der Volksreligion ist er vor allem als Dämonenaustreiber von Bedeutung; er wird Fu-mo Ta-ti, der große Herrscher, der die Dämonen bannt, genannt. Kuan-ti wird als neun Fuß großer Riese dargestellt, der einen zwei Fuß langen Bart trägt. Sein Gesicht ist puterrot, seine Augen ähneln denen eines Phönix, seine Augenbrauen gleichen Seidenraupen. Meist steht er in voller Rüstung und mit einer Hellebarde bewaffnet neben seinem Pferd. Eine andere Art der Darstellung zeigt ihn im Kostüm eines Militärmandarins. Er ist unbewaffnet und nimmt eine sitzende Stellung ein. Mit einer Hand streicht er über seinen Bart, in der anderen Hand hält er eines der klassischen konfuzian. Werke, die *Frühlings-und-Herbst-Annalen (Ch'un-ch'iu)*.

Kuan-yin-tzu → Yin Hsi

Kuei, chin., wörtl.: »Gespenster, Geister, Dämonen«; Totengeist, zu dem die negativen Yin-Komponenten (→ Yin-yang) der Seele des Menschen, die → P'o-Seelen, nach dem Tod werden.

Als Kuei gelten alle toten Seelen, außer die der Angehörigen der eigenen Familie. Die Kuei sind gefürchtet, da sie sich für das während des Lebens erlittene Unrecht oder Beleidigungen usw. rächen können. Im besonderen gilt dies für die Seelen von Menschen, die fern der Heimat gestorben sind oder durch Ertrinken und Erhängen den Tod gefunden haben, aber auch für solche, für die keine Ahnentafel (→ Tzu) errichtet wurde. Diese sind die sog. Hungergeister.

Den Kuei opfert man Papiergeld, um sie wohlzustimmen und um Verdienste in der Welt der Kuei anzusammeln: Dabei werden Bündel chin. Geldscheine, die von der »Bank der Unterwelt« ausgegeben werden, verbrannt. Oft werden auch Papierhäuser den Flammen übergeben. Im 7. Monat wird das Fest der Hungergeister gefeiert, bei dem die Gemeinschaft diese verlassenen Seelen durch Opferzeremonien zu befriedigen sucht.

K'ung-fu-tzu → K'ung-tzu

Kung Sun-lung, chin. Philosoph der Zeit der Streitenden Reiche, Vertreter der »Schule der Namen«, die sich mit dem

Problem des Verhältnisses von Name und Wirklichkeit beschäftigte; Zeitgenosse von → Chuang-tzu und → Hui Shih. – Kung Sunlung trachtete nach der »Richtigstellung der Namen«, d. h. nach der Wiederherstellung der Übereinstimmung von Namen und Wirklichkeit. (Siehe dazu auch → K'ung-tzu.)

K'ung-tzu, auch K'ung-fu-tzu, latinisiert; Konfuzius, 551–479 v. Chr.; Begründer der ersten Weisheitsschule Chinas, dessen Lehren bis ins 20. Jh. das Leben in China, Japan und Korea bestimmten. Konfuzius stellte sich die Aufgabe, die vom Untergang bedrohten Ideale der Alten zu retten. Er formulierte die in den klass. Schriften (die die Tradition ihm in der Folge zuschrieb) enthaltenen Gedanken neu und systematisierte sie. Im Zentrum seiner Philosophie stehen die Begriffe Menschlichkeit (→ Jen) sowie Sittlichkeit und Riten (→ Li), welche die Haupttugenden eines »fürstlichen Menschen« *(chün-tzu),* des Ideals des Konfuzius, bilden. Seine politische Haltung basiert im wesentlichen auf der Vorstellung, daß, damit Ordnung herrschen kann, zuerst die »Namen richtiggestellt« werden müssen *(cheng-ming),* so daß die Dinge mit den ihnen von ihren Namen verliehenen Qualitäten übereinstimmen: Der Fürst muß sich als Fürst verhalten.
Konfuzius hatte ein starkes Bewußtsein seiner himmlischen Berufung; er ordnete sich dem Himmlischen Mandat (→ T'ien-ming), dem Willen des Himmels, unter. – Seine Lehren sind in den *Gesprächen (Lun-yü)* überliefert.

K'un-lun, Gebirge im Westen Chinas, das im Taoismus als Paradies verherrlicht wird. Es wird von der Königlichen Mutter des Westens (→ Hsi wang-mu) bewohnt und ist der Aufenthaltsort der Unsterblichen (→ Hsien). Das K'un-lun, einer der zehn Kontinente und drei Inseln der taoist. Kosmologie, ist drei (nach manchen Texten neun) Stockwerke hoch.

Wer es erklimmen kann, erlangt Zugang zu den Himmeln. Es reicht ebenfalls drei oder neun Stockwerke tief unter die Erde, wodurch es die unterirdischen Wasser, die Aufenthaltsstätte der Toten, mit der Welt der Götter verbindet. – Im K'un-lun wachsen die Unsterblichkeit verleihenden Pfirsiche der Hsi wang-mu, nach denen die Taoisten in unzähligen Expeditionen immer wieder gesucht haben.
Die → Innere-Gottheiten-Hygiene-Schule setzt das K'un-lun-Gebirge mit dem Kopf des Menschen gleich.

Kuo Hsiang → Hsüan-hsüeh

Ku-sehn, chin., wörtl.: »Gottheit des Tales«; im → *Tao-te ching* erwähnte Gottheit, die dort mit dem »Dunklen Weibchen« (Hsüan-p'in) gleichgesetzt wird, das seinerseits ein Symbol für das → Tao darstellt. Im 6. Kap. des *Tao-te ching* heißt es:
»Die Gottheit des Tales stirbt nicht; es ist das Dunkle Weibchen. Das Tor des Dunklen Weibchens, dies ist der Ursprung des Himmels und der Erde. Unerkennbar, doch stets gegenwärtig, wer sie gebraucht, erschöpft sie doch nicht.« (Zit. n. M. Kaltenmark, 1981, S. 72.)
Auf diese Passage berufen sich die späteren Vertreter des religiösen Taoismus (→ Tao-chiao), um die verschiedenen sexuellen Praktiken zur Erlangung der Unsterblichkeit zu rechtfertigen.

L

Lan Ts'ai-ho → Pa-hsien

Lao-chün, chin., wörtl.: »Herr Lao«; auch T'ai-shang lao-chün (»Höchster Herr Lao«); Name des → Lao-tzu in seiner vergöttlichten Form. Lao-chün zählt neben → Yüan-shih t'ien-tsun und → T'ai-shang tao-chün zu den höchsten Gottheiten des religiösen Taoismus (→ Tao-chiao).

Lao Tan, in frühen Texten vorkommender Name für → Lao-tzu. Tan bedeutet eigentlich »Langohr«, ein Symbol für langes Leben (→ Li Erh).

Lao-tzu, chin., wörtl.: »Alter Meister«; auch als → Lao Tan und → Li Erh bekannt; nach traditioneller Auffassung der Autor des → *Tao-te ching*. Lao-tzu war der Überlieferung nach ein Zeitgenosse des Konfuzius (6. Jh. v. Chr. → K'ung-tzu). In der Biographie des Lao-tzu im *Shih-chi* (»Historische Aufzeichnungen«) des 2./1. Jh. v. Chr. heißt es, daß er aus dem Dorfe Hu-hsien im Land Ch'u, der heutigen Provinz Honan, stammt. Sein Familienname war Li, sein Vorname Erh und sein Großjährigkeitsname Tan. In den meisten philosoph. Texten wird er Lao-tzu oder Lao Tan genannt.
Lao Tan war nach dieser Quelle Archivar am Hofe des Königs von Chou. Zu dieser Zeit soll er mit Konfuzius zusammengetroffen sein. Diese Begegnung wird oft beschrieben, kann aber nicht als historisch angesehen werden. Aufgrund von Zwistigkeiten am Hofe des Königs gab Lao Tan seinen Posten auf und ging nach Westen. Am Hsien-ku-Paß traf er mit dem Wächter → Yin Hsi zusammen, auf dessen Bitten er das 5000

Zeichen umfassende *Tao-te ching* verfaßte. Danach verlieren sich seine Spuren.
In der Tradition gilt Lao-tzu zwar als der Autor des *Tao-te ching,* doch hat die Forschung gezeigt, daß dieses Werk nicht vor dem 4. oder 3. Jh. v. Chr. entstanden sein und daher nicht von Lao-tzu selbst stammen kann.
Vom Autor des *Shih-chi* wird Lao-tzu so charakterisiert: »Lao-tzu pflegte das Tao und das Te. Nach seiner Lehre muß man danach trachten, namenlos im verborgenen zu leben.« (Zit. na. M. Kaltenmark, 1981, S. 25.) Diese Haltung spiegelt sich auch im Dialog des Lao-tzu mit Konfuzius wider: »Als Konfuzius nach Chou ging, erkundigte er sich bei Lao-tzu nach den Riten [→ Li]. Jener antwortete: ›Die Knochen jener, von denen du sprichst, sind längst zu Staub zerfallen; nur ihre Worte sind uns erhalten. Im übrigen, ist die Zeit dem Edlen günstig, dann begibt er sich im Wagen an den Hof. Ist sie ihm ungünstig, so streift er unscheinbar gekleidet umher. Ich habe gehört, daß ein guter Kaufmann seine Reichtümer verbirgt, als ob er mittellos wäre. Besitzt der Edle innere Tugend in Fülle, so wirkt er äußerlich wie ein Tor. Leg ab deine hochfahrende Miene, deine Begierden, deine Eitelkeit und deinen Eifer, alles Dinge, die dir zu nichts frommen! Das ist alles, was ich dir zu sagen habe.‹ Konfuzius zog sich zurück und sagte zu seinen Schülern: ›Vom Vogel weiß ich, daß er fliegen kann, vom Fisch, daß er schwimmen kann, von den Vierfüßlern, daß sie laufen können. Die Tiere, die laufen, kann man mit dem Netz, die Tiere, die schwimmen, in der Reuse fangen; die Tiere, die fliegen, sind mit dem Pfeil zu treffen. Allein der Drache läßt sich mit Gedanken nicht fassen. Er schwingt sich auf dem Wind und den Wolken gen Himmel. Heute habe ich Lao-tzu gesehen. Er ist wie ein Drache!‹« (Zit. n. M. Kaltenmark, 1981, S. 21.)

Lei-kung, chin., wörtl.: »Donner-Herzog«; Donnergottheit. Im taoist. Pantheon ist Lei-kung ein Beamter des sog. Donnerministeriums der himmlischen Bürokratie.
Lei-kung wird mit dem Schnabel, den Flügeln und Krallen eines Uhus dargestellt. Sein menschlicher Rumpf ist von blauer Farbe. Er ist nur mit einem Lendenschurz bekleidet und trägt in der Hand eine Trommel, auf die er mit einem Hammer schlägt, um den Donner zu erzeugen. Sein Abbild findet sich in vielen Tempeln.

Li, chin. etwa: »Riten, Formen, Sittlichkeit«; zentraler Begriff des Konfuzianismus (siehe auch → K'ung-tzu); die Verhaltensregeln, die alle zwischenmenschlichen Beziehungen sowie die Zeremonien bestimmen und festlegen, wie in einer bestimmten Situation gehandelt werden muß. Li dient auch dazu, die innere Haltung der Menschlichkeit (→ Jen) zum Ausdruck zu bringen. Es ist die rechte Form für die rechte Gesinnung. Der Darstellung von Li ist ein konfuzian. »Klassiker« gewidmet, das *Li-chi* (dt. *Li Gi,* übers. v. R. Wilhelm, Neuausg. Düsseldorf/Köln 1981).

Liä Dsi, andere Schreibweise für → Lieh-tzu

Liang-i, chin., zwei Formen oder Grundkräfte; Begriff des *Buches der Wandlung(en) (→ I-ching)*. Die zwei Grundkräfte sind Yin und Yang (→ Yin-yang). Im Kommentar *Hsi-tz'u* heißt es (XI, 5): »In den Wandlungen gibt es das Höchste Letzte (→ T'ai-chi), das die beiden Grundkräfte erzeugt. Diese beiden Grundkräfte erzeugen die Vier Bilder (→ Ssu-hsiang). Die Vier Bilder erzeugen die Acht Trigramme (→ Pa-kua).«

Li-chiao shih-wu-lun, chin. → Ch'üan-chen tao

Lieh-tzu, auch Liä Dsi transkribiert; taoist. Philosoph der Zeit der Streitenden Reiche und der Tradition nach Verfasser des gleichnamigen Werkes, das auch den Titel *Ch'ung-hsü chen-ching* (»Wahres Buch von der quellenden Leere«) trägt. Untersuchungen haben jedoch ergeben, daß dieses Werk erst wesentlich später entstanden ist und aus der Chin-Dynastie stammt.
Lieh-tzu vermittelte seine Gedanken mittels alter Volkssagen und Mythen, die er neu interpretierte. Charakteristisch für seine Weltsicht ist die mechanistische Auffassung vom Ablauf der Natur und des menschlichen Lebens, in dem es keinen freien Willen gibt. Er greift, um seine Ideen zu illustrieren, auch auf Themen des Konfuzius (→ K'ung-tzu), des → *Tao-te ching* und des → *I-ching* zurück. – Das 7. Kap. des *Lieh-tzu* ist den Lehren eines anderen Philosophen, → Yang Chu, gewidmet. (Dt.: *Liä Dsi. Das wahre Buch vom quellenden Urgrund,* übers. v. R. Wilhelm, Neuausg. Düsseldorf/Köln 1981.)

Lien-ch'i, chin., wörtl.: »Schmelzen des Atems«; taoist. Atemübung, bei der der Atem nicht wie bei der Übung des Kreisenlassens des Atems (→ Hsing-ch'i) gezielt in einen bestimmten Kreislauf gelenkt wird, sondern frei im Körper strömen kann.
Das Schmelzen des Atems hilft Krankheiten zu heilen, übernatürliche Fähigkeiten und Unsterblichkeit zu erlangen.

Lien-tan, chin., wörtl.: »Schmelzen des Zinnobers«; eine der Methoden in der taoist. Alchemie, die zur Unsterblichkeit (→ Ch'ang-sheng pu-ssu) führt.
Urspr. bezeichnete Lien-tan das Verfahren, in einem Dreifuß verschiedene Substanzen wie Gold, Zinnober, Quecksilber und Blei zu schmelzen, um das Goldene Elixier (→ Chin-tan) zu erhalten. Nimmt man dieses Elixier zu sich, kann man un-

sterblich werden. Diese Methode wurde später als die des Äußeren Elixiers (→ Wai-tan) bezeichnet und allmählich von der des Inneren Elixiers (→ Nei-tan) abgelöst. Bei letzterer Methode schmilzt der Adept in seinem Körper wie im Dreifuß der Alchemisten die Lebensenergie (→ Ch'i), den Samen (→ Ching) und den Geist (→ Shen) und läßt den Heiligen Embryo (→ Sheng-t'ai), das Symbol spiritueller Unsterblichkeit, entstehen.

Li Erh, nach chin. Geschichtsquellen der eigentliche Name des → Lao-tzu. Er wird ihm vom Historiker Ssu-ma Ch'ien (2./1. Jh.) aufgrund eines seiner Biographie angehängten Stammbaumes einer Familie Li aus Shantung, die ihren Ursprung auf Lao-tzu zurückführt, zugeschrieben.

Li-Hsüan → Pa-hsien

Ling-chih, chin., wörtl.: »zauberwirksames Kraut«; taoist. Unsterblichkeitsdroge. Das Ling-chih wird in verschiedenen Formen dargestellt: manchmal als Gras, manchmal als morchelähnlicher Pilz. Es wächst auf den Inseln der Unsterblichen (→ P'eng-lai, → Ying-chou, → Fang-chang). Der erste historische Kaiser von China, Ch'in Shih-huang-ti, und viele andere sandten Expeditionen aus, um in den Besitz dieses wundertätigen Krautes zu kommen. Es heißt, daß das Verzehren des Ling-chih für mindestens 500 Jahre Unsterblichkeit verleihe.

Ling-pao ching, chin., wörtl.: »Schriften des Magischen Juwels«; Korpus von Schriften, der die Lehrgrundlage einer eigenen Richtung des religiösen Taoismus (→ Tao-chiao), der Schule des Magischen Juwels (→Ling-pao p'ai) bildet.
Das Ling-pao ching beschreibt im wesentlichen die Hierarchie des taoist. Pantheons sowie Riten, durch die die Men-

schen die Gottheiten herbeirufen können, und gibt Anleitungen für die Abhaltung von Totenfeiern u. ä. Die ältesten Teile des Ling-pao ching stammen aus dem 3. Jh.; jene Teile, die die taoist. Lehre erklären, datieren aus dem 4. und 5. Jh. Die Kommentare des taoist. Gelehrten → Sung Wen-ming (Mitte 6. Jh.) machten das Ling-pao ching zum autoritativen Text des religiösen Taoismus.

Ling-pao p'ai, chin., wörtl.: »Schule des Magischen Juwels«; Richtung des religiösen Taoismus (→ Tao-chiao), die sich ca. im 4.–5. Jh. n. Chr. entwickelt hat und auf den Schriften des Magischen Juwels (→ Ling-pao ching) basiert.
Die Schule des Magischen Juwels reformierte die schon existierenden Riten und Praktiken, um sie in Einklang mit ihrer Lehre, die stark vom Buddhismus beeinflußt ist, zu bringen. Nach ihrer Anschauung ist das Heil des Menschen in hohem Maße von der Hilfe der höchsten Gottheiten (→ T'ien-tsun) abhängig. Dies stellt eine Vereinfachung der urspr. taoist. Lehre dar. Die Gottheiten werden vom Inneren des Körpers (→ Innere-Gottheiten-Hygiene-Schule) ins Äußere projiziert und regieren das gesamte Universum. Dieser Vereinfachung verdankt die Schule des Magischen Juwels ihre rasche Verbreitung. – Die wichtigsten Praktiken des Ling-pao p'ai sind sog. Fastenzeremonien (→ Chai).

Li Shao-chün, ?–133 v. Chr.; taoist. Magier (→Fang-shih), der die Erlangung der Unsterblichkeit durch alchemistische Praktiken zum Ziel des taoist. Weges erklärte. Er gab vor, selbst unsterblich zu sein und die Inseln der Unsterblichen (→ P'eng-lai, → Ying-chou, → Fang-chang) besucht zu haben. Er kannte auch Rezepte zur Verlängerung des Lebens: Er praktizierte Hygieneübungen und verzichtete auf den Genuß von Körnerfrüchten (→ Pi-ku). Li Shao-chün war außerdem der Initiator der Verehrung des Herdgottes (→ Tsao-chün). –

Sein Tod – er starb an einer Krankheit – ging als erster Fall einer Lösung vom Leichnam (→ Shih-chieh) in die taoist. Literatur ein.

Li T'ieh-kuai → Pa-hsien

Liu-fu, chin., wörtl.: »Sechs Behälter«; sechs Organe des menschlichen Körpers, denen bei taoist. Atem- und Hygieneübungen besondere Beachtung zukommt. Es sind dies Magen, Gallenblase, Dünndarm, Dickdarm, Blase sowie Speiseröhre/Luftröhre/innerer Magenkanal, die als ein »Behälter« angesehen werden.

Liu Ling → Chu-lin ch'i-hsien

Liu Te-jen → Chen-ta-tao chiao

Lung, chin., wörtl.: »Drache«; nach taoist. Auffassung ist der Drache die Verkörperung des Yang-Prinzips (→ Yin-yang) und wird oft inmitten von Wolken oder Wasser (die das Yin-Prinzip symbolisieren) dargestellt.
In der chin. Mythologie sind fünf Arten von Drachen bekannt: Himmelsdrachen, die die Wohnstätten der himmlischen Gottheiten bewachen; Drachengeister, die über Wind und Regen herrschen und auch Überschwemmungen verursachen können; Erddrachen, die die Flüsse reinigen und Meere vertiefen; Drachen, die Schätze bewachen, und schließlich kaiserliche Drachen, die man daran erkennt, daß sie fünf Krallen und nicht, wie die anderen Arten von Drachen, vier besitzen.

Lung-hu, chin., wörtl.: »Drache (und) Tiger«; in der taoist. Alchemie (→ Nei-tan, → Wai-tan) Symbole für Yang bzw. Yin (→ Yin-yang).

In der Lehre der Inneren Alchemie heißt es, daß der Drache im Li (→ K'an und Li) entsteht: Li entspricht dem Feuer, daher »kommt der Drache aus dem Feuer«; der Tiger, das Yin, wird mit K'an assoziiert, das dem Wasser entspricht. Daher »entsteht der Tiger aus dem Wasser«. Die Vereinigung der beiden Prinzipien führt zur Verwirklichung des → Tao.
Die Farbe des Drachens ist grün; ferner wird er mit dem Osten, der Leber, dem Holz und dem Frühling verbunden. – Die Farbe des Tigers ist weiß; er wird mit dem Westen, der Lunge, dem Metall und dem Herbst verbunden.

Lung-hu-shan, chin., wörtl.: »Drache- (und) Tiger-Berg«; berühmter taoist. Berg in der Provinz Chiang-hsi, der vom 3. Jh. bis 1949 Wohnort der Himmlischen Meister (→ T'ien-shih), der Nachkommen von → Chang Tao-ling und Führer der Schule des Fünf-Scheffel-Reis-Taoismus (→ Wu-tou-mi tao, → Tao-chiao) war.

Lung-men-Schule →Ch'üan-chen tao

Lung-wang, chin., wörtl.: »Drachenkönig(e)«; mythologische Gestalten, die nach taoist. Interpretationen unter der Herrschaft des Himmlischen Ehrwürdigen des Uranfangs (→ Yüan-shih t'ien-tsun) stehen. Sie steigen einmal im Jahr zu ihm auf, um ihm ihre Berichte vorzulegen. Sie sind für Regen und Bestattungen zuständig: In einer Trockenperiode muß man sich nur an die Lung-wang wenden, und es wird regnen. Ist bei den Bestattungsfeiern ein Fehler begangen worden, der den Nachkommen des Verstorbenen Unheil bescheren könnte, so sucht man ebenfalls bei den Drachenkönigen Hilfe. Der Taoismus unterscheidet verschiedene Arten von Lung-wang: die himmlischen Drachenkönige, die der vier Meere, die in prachtvollen Palästen am Meeresgrund leben, und die Lung-wang der fünf Himmelsrichtungen.

Lü Pu-wei → *Lü-shih ch'un-ch'iu*

Lü-shih ch'un-ch'iu, chin., wörtl.: »Frühling und Herbst des Herrn Lü«; philosoph. Werk aus dem 3. Jh. v. Chr., das von Lü Pu-wei (?–235), einem reichen Kaufmann aus der Zeit der Streitenden Reiche, zusammengestellt wurde. Dieser versammelte an seinem Hof bis zu 10000 Gelehrte aller philosoph. Richtungen, deren Lehren er in seinen Annalen niederlegte. Das *Lü-shih ch'un-ch'iu* enthält taoist., konfuzian., legalistisches und mohistisches Gedankengut. (Dt. Übersetzung v. R. Wilhelm, Düsseldorf/Köln 1979.)

Lü-Tung-pin → Pa-hsien

M

Mao-shan p'ai, chin., wörtl.: »Schule des Berges Mao«; Richtung im religiösen Taoismus (→ Tao-chiao), die zu den Schulen der Talismane (→ Fu-lu p'ai) zählt. Sie wurde im 6. Jh. von → T'ao Hung-ching begründet und fußt auf den Lehren der von T'ao verehrten Brüder Mao (2. Jh.).

Meditation, Sammelbegriff für eine Vielzahl von religiösen Übungen, die von der Methode her oft sehr verschieden sind, alle jedoch das gleiche Ziel haben: das Bewußtsein des Übenden in einen Zustand zu versetzen, in dem es zu einer Erfahrung des »Erwachsens«, der »Befreiung«, der »Erleuchtung« kommen kann. In den esoterischen, d. h. in ihren Praktiken auf die *eigene* religiöse Erfahrung des einzelnen zielenden Schulen der verschiedenen Religionen wurden unterschiedliche »Wege« der Hinführung zu dieser Erfahrung entwickelt, die jeweils den historischen und geographischen Gegebenheiten sowie den Anlagen und Persönlichkeitsmerkmalen verschiedener Individuen oder Gruppen angemessen sind. Sind die einzelnen Religionen jeweils eine Antwort auf einen bestimmten »unheilsamen« Bewußtseinszustand der Menschen in einer Kultur, den zu »heilen« ihr Ziel ist, dann sind die innerhalb der Religionen entwickelten meditativen Schulungswege die »Heilmittel«. Sie sind kein Selbstzweck, dürfen aber auch nicht als bloße Mittel zum Zweck verstanden werden; denn – wie viele religiöse Traditionen betonen – »der Weg *ist* das Ziel«. Gleichzeitig heißt es jedoch, daß es ebenso unnütz sei, an einer »Methode« festzuhalten, wenn man das Ziel erreicht hat, wie ein Boot weiter mit sich herumzuschleppen, nachdem man den Fluß überquert hat.

Gemeinsames Kennzeichen aller Meditationsformen ist, daß ihre Übung den Geist des Übenden sammelt, ihn beruhigt und klärt wie die Oberfläche eines aufgewühlten Gewässers, auf dessen Grund man nur schauen kann, wenn die Oberfläche still und das Wasser klar ist. Das wird, je nach dem Schulungsweg, durch verschiedene Meditationshilfen erreicht, z. B. durch Körper- oder Atemübungen wie im Hatha-Yoga, durch die Sammlung auf symbolische Formen (z. B. Mandala, Thanka, Yantra) oder Klänge (Mantra) wie im ind. Tantra und im tantrischen Buddhismus, auf Empfindungen wie »Liebe«, »Erbarmen«, oder auf bildende Vorstellungen (Visualisation), auf ein Kōan im Zen oder durch das Verweilen in einem Zustand gesammelter, inhaltsloser Wachheit in der Praxis der Mahāmudrā, des Dzogchen oder des Zen (Shi-kantaza). Beharrliche Übung der Meditation führt zu einem nicht-dualistischen Bewußtseinszustand, in dem die Unterscheidung von Subjekt und Objekt verschwunden, der Übende mit »Gott« oder dem »Absoluten« eins geworden ist, Konventionen wie Zeit und Raum in einer Erfahrung des »ewigen Hier und Jetzt« transzendiert sind und die Identität von Leben und Tod, Phänomenalem und Essentiellem, Samsāra und Nirvāna erfahren wird. Wird diese Erfahrung, auf einem Weg endlos sich fortsetzender geistiger Schulung, in das tägliche Leben integriert, so wird damit schließlich der Zustand erreicht, den die Religionen als Erlösung, Befreiung oder Vollkommene Erleuchtung bezeichnen.

Meng-tzu, auch Meng K'o, Mong Dsi, ca. 372–289 v. Chr.; latinisiert Mencius genannter konfuzian. Philosoph. Die Lehre des Meng-tzu stellt die idealistische Strömung innerhalb des Konfuzianismus dar. Seine Grundthese besagt, daß der Mensch von Natur aus gut ist. (Dt. Übersetzung von R. Wilhelm, u. d. T. *Mong Dsi. Die Lehrgespräche des Meisters Meng K'o,* Düsseldorf/Köln 1982.)

Men-shen, chin., wörtl.: »Gottheit(en) der Tür«; Gottheiten der synkretischen chin. Volksreligion, die als Türwächter die zweiflügelige Eingangstür zu einem Wohnhaus und zu öffentlichen Gebäuden bewachen. Die Men-shen sind nach gängiger Auffassung zwei Generäle des Kaisers T'ang T'ai-tsung der T'ang-Dynastie, nämlich Ch'in Shu-pao und Hu Ching-te, die seit dem 13./14. Jh. als Türwächter verehrt werden. Der Legende nach sollen sie den schlafenden kranken Kaiser gegen Angriffe von Dämonen verteidigt haben. Auch heute ist es ihre Aufgabe, böse Geister und Gespenster fernzuhalten. Die Beschützerrolle der Men-shen spiegeln viele Volkserzählungen wider.

Ming, chin., wörtl.: »Helligkeit«; die Erleuchtung eines Taoisten. Nach → Lao-tzu besteht Ming im Erkennen des Gesetzes der Rückkehr zum Ursprung (→ Fu). Dies ist das beständige (→ Ch'ang) und allen Wesen gemeinsame Gesetz. Das Wissen um dieses beständige Gesetz kennzeichnet den Heiligen, der es lebt, indem er selbst in das → Tao zurückkehrt und dessen Einfachheit, Einheit und Leere selbst verwirklicht.

Ming, chin., wörtl.: »Schicksal, Bestimmung, himmlisches Mandat«; Begriff des → Konfuzianismus, in dem Ming anfänglich das himmlische Mandat, den Willen des Himmels (→ T'ien) bezeichnet, später die Gesamtheit aller Kräfte und Bedingungen des Universums, die sich dem Einfluß des menschlichen Willens entziehen. Der Erfolg einer Handlung ist demnach wesentlich von Ming abhängig.
Ming zu kennen *(chih-ming)* bedeutet, nach den jeweiligen Erfordernissen und Pflichten zu handeln, ohne sich um Gelingen oder Nichtgelingen einer Handlung zu kümmern. Ming zu kennen, die Unausweichlichkeit der Welt, wie sie ist, zu akzeptieren, ist eine der hervorragenden Eigenschaften des idealen Menschen des Konfuzius.

Ming-men, chin., wörtl.: »Tor des Schicksals«; zwischen den beiden Nieren gelegene Körperpartie, die als Ursprungsort der vitalen Energie (→ Ch'i) gilt.

Miu Chi → Tai-i

Mo-chia, chin. → Mo Ti

Mohismus → Mo Ti

Mo Ti, auch Mo-tzu, Meister Mo, genannt, ca. 468–376 v. Chr.; Gegner des Konfuzius (→ K'ung-tzu), Begründer der Schule des Mohismus (chin. Mo-chia). Seine Gedanken sind in dem Werk *Motzu* enthalten, das wahrscheinlich von seinen Schülern um 400 v. Chr. aufgezeichnet wurde. (Dt. Übersetzung von H. Schmidt-Glintzer, 2 Bde., Düsseldorf/Köln 1975.)

Mo-tzu, chin. → Mo Ti

N

Nan-hua chen-ching, chin. → *Chuang-tzu*

Nan-hua chen-jen → Chen-jen

Nei-ch'i, chin., wörtl.: »Innerer Atem«; im Innern des Körpers gespeicherte Energie. Im Gegensatz dazu wird die eingeatmete Luft, der Atem, als Äußerer Atem (→ Wai-ch'i) bezeichnet. Das Nei-ch'i des Menschen ist nach taoist. Auffassung der Uratem (→ Yüan-ch'i) des Kosmos, die Urenergie, die bei der Entstehung der Welt Himmel (→ T'ien) und Erde bildete. Bei der Geburt des Menschen dringt das Ur-ch'i in den Körper ein und formt den Geist (→ Shen), den Körper, den Speichel (→ Yü-chiang) und den Samen (→ Ching) des Menschen. Der Taoist ist bestrebt, das Nei-ch'i im Innern des Körpers zu erhalten, zu stärken und wieder in seinen urspr. reinen Zustand, in dem es sich zum Zeitpunkt der Geburt befand, zurückzuführen. Entweicht der Innere Atem durch den Mund, hat dies eine Verkürzung der Lebensspanne zur Folge.

Nei-kuan, auch Nei-shih, chin., wörtl.: »Innere Schau«; taoist. Methode, bei der der Übende das Innere seines Körpers visualisiert, bis auch die kleinsten Einzelheiten klar vor seinem inneren Auge erscheinen. Das Nei-kuan erleichtert das Kreisenlassen des Atems (→ Hsing-ch'i). In der → Inneren-Gottheiten-Hygiene-Schule benutzt man es, um die Körpergottheiten zu visualisieren und mit ihnen in Kontakt zu treten. Um die Übung des Nei-kuan erfolgreich ausführen zu können, müssen alle störenden äußeren Einflüsse ausgeschaltet und die Gedanken beruhigt werden.

Nei-shih, chin. → Nei-kuan

Nei-tan, chin., wörtl.: »Innerer Zinnober«, das »Innere Elixier«, die »Innere Alchemie«; in der Sprache der taoist. Schule des Inneren Elixiers steht der Begriff Nei-tan für die Entwicklung einer unsterblichen Seele aus den drei das Leben erhaltenden Kräften: aus der Essenz (→ Ching), der Lebensenergie (→ Ch'i) und dem Geist (→ Shen). Dieser Prozeß wird mit den Begriffen des Äußeren Elixiers (→ Wai-tan) beschrieben, bei dem man versucht, aus einigen chemischen Substanzen ein Unsterblichkeit (→ Ch'ang-sheng pu-ssu) verleihendes Elixier herzustellen: Im menschlichen Körper, der dem Kessel der Äußeren Alchemie gleichgesetzt wird, werden die Essenz und die Lebenskraft, die den chemischen Substanzen des Wai-tan entsprechen, mit Hilfe des Geistes zu einem Heiligen Embryo (→ Sheng-t'ai) gewirkt.
Im Nei-tan werden die inneren »Legierungen« und »Sublimationen« durch die Sammlung der Gedanken vollzogen. Dadurch kann eine Umkehrung all jener Prozesse stattfinden, die normalerweise den Tod eines Menschen bewirken, indem die Lebenskräfte im Innern konzentriert, geläutert und unabhängig von der sinnlichen Welt werden. Der Adept läßt in seinem Innern durch verschiedene meditative Atemtechniken einen neuen Menschen entstehen, den sog. Heiligen Embryo. Diese unsterbliche Seele verläßt im Augenblick des Todes den sterblichen Körper und steigt in den Himmel empor. Diesen Heiligen Embryo bezeichnen die Taoisten auch oft als »Goldene Blüte«, die sich dann öffnet, wenn der Adept Erleuchtung erlangt hat. Philosophisch ausgedrückt besteht die Erleuchtung der Anhänger des Inneren Elixiers in der Rückkehr ins Nichts. Ihr Ziel ist das gleiche wie das des philosoph. Taoismus (→ Tao-chia) eines Lao-tzu oder Chuang-tzu: die Vereinigung mit dem Tao durch den Ausgleich der Unausgewogenheiten von Yin und Yang (→ Yin-yang).

Die Praxis des Nei-tan trat während der Sung-Dynastie nach und nach an die Stelle des Wai-tan. Sie war vor allem in der Schule der Verwirklichung der Wahrheit (→ Ch'üan-chen tao) mit ihren verschiedenen Strömungen verbreitet und wurde stark vom Buddhismus, vor allem dem Zen-Buddhismus, beeinflußt.
Berühmte Vertreter der Schule des Inneren Elixiers sind → Wei P'o-yang, → Ch'en T'uan, → Chang Po-tuan. Ein wichtiger Text ist das → *T'ai-i chin-hua tsung-chih,* bekannt als »Das Geheimnis der Goldenen Blüte«.

Neokonfuzianismus → Konfuzianismus, auch → Chu Hsi

Neotaoismus → Hsüan-hsüeh

Ni-huan, chin., wörtl.: »Lehmkugel«; in der → Inneren-Gottheiten-Hygiene-Schule des religiösen Taoismus (→ Tao-chiao) der wichtigste Teil des Oberen Zinnoberfeldes (→-Tan-t'ien), in dem das Große Eine (→ T'ai-i), die höchste Körpergottheit, residiert, – Nihuan kann aber auch das Gehirn i. allg. oder die Gottheit des Gehirns bezeichnen.

Nü-kua, Gestalt der chin. Mythologie. Nü-kua gilt als die Schöpferin der Menschheit. In einem Text aus der Han-Dynastie wird berichtet, daß, nachdem sich Himmel und Erde bereits getrennt hatten, Nü-kua begann, aus gelber Erde menschliche Gestalten zu formen. Da diese Methode sehr langwierig war, nahm sie ein Seil und tauchte es in Schlamm und schleuderte es herum, wodurch Schlammtropfen auf den Boden fielen. Die handgefertigten Menschen waren die Vornehmen und Reichen, die aus den Schlammspritzern entstandenen die Armen und Geringen. Außer als Schöpferin der Menschheit ist Nü-kua auch für die Herstellung der Weltordnung nach dem verheerenden Angriff des mythischen Ungeheuers Kung Kung von Bedeutung. In dieser Rolle erscheint sie gemeinsam mit → Fu Hsi, als dessen Frau sie gilt. Sie werden als menschliches Paar mit ineinander verschlungenen Drachenschwänzen dargestellt. Fu Hsi hält in der Hand das Winkelmaß, Nü-kua den Kompaß als Symbole für Himmel und Erde.

P

Pa-hsien, chin., wörtl.: »Acht Unsterbliche«; Gruppe von acht Unsterblichen (→ Hsien), die zu den bekanntesten Figuren der taoist. Mythologie zählen. Ihre ersten Beschreibungen stammen aus der T'ang-Dynastie, aber erst in der Ming-Dynastie wurden sie in ihrer heute bekannten Gruppierung namentlich festgelegt. Die Acht Unsterblichen sind Li T'ieh-kuai (auch Li Hsüan genannt), Chang Kuo-lao, Ts'ao Kuo-chiu, Han Hsiang-tzu, Lü Tung-pin, Ho Hsien-ku, Lan Ts'ai-ho und Chung Li-ch'üan (auch Han Chung-li genannt). Chang Kuo-lao, Lü Tung-pin, Ts'ao Kuo-chiu und Chung Li-ch'üan sind historische Gestalten.

Der Begriff der Acht Unsterblichen ist in China zu einem Symbol für Glück geworden. Sie verkörpern außerdem acht verschiedene Lebensbedingungen: Jugend, Alter, Armut, Reichtum, Adel, Volk, Weibliches und Männliches.

Da Pa-hsien sind ein beliebtes Thema künstlerischer Darstellungen. Man findet sie auf Porzellanwaren, Fächern, Bildrollen usw. In der chin. Literatur existieren viele Werke, in denen die Acht Unsterblichen die Hauptrolle spielen.

1. *Li Tieh-kuai* (wörtl.: »Li mit der eisernen Krücke«) wird meist mit einer eisernen Krücke und einem Kürbis, der magische Drogen enthält, dargestellt. Die Königliche Mutter des Westens (Hi wang-mu) heilte ein Geschwür an seinem Bein und unterwies Li in der Kunst, Unsterblichkeit zu erlangen. Sie schenkte ihm auch die eiserne Krücke.

2. *Chang Kuo-lao* war ein Taoist der T'ang-Dynastie. Von ihm berichtet die Legende, daß er einen weißen Esel besaß, der tausend Meilen pro Tag zurücklegen konnte. Außerdem ließ sich das Tier wie ein Taschentuch zusammenfalten und

einstecken. Wollte Chang ihn wiederbeleben, genügte es, ihn mit einer Handvoll Wasser zu benetzen. Sein Symbol ist die sog. Fischtrommel, ein Lärminstrument.
3. *Ts'ao Kuo-chiu* (gest. 1097) war der Schwager eines der Kaiser der Sung-Dynastie, dessen jüngerer Bruder zum Mörder wurde. Aus Scham darüber zog sich Ts'ao in die Berge zurück und beschloß, sein Leben als Eremit zu verbringen. Er wird meist mit Kastagnetten in der Hand dargestellt.
4. *Han Hsiang-tzu* gilt i. allg. als der Neffe eines berühmten Literaten und Staatsmannes der T'ang-Dynastie, Han Yü, der mit seiner Erziehung betraut war. Han Hsiang-tzu war von stürmischem Temperament und im Besitz verschiedener übernatürlicher Fähigkeiten. Er wird meist mit einer Flöte, einem Blumenstrauß oder einem Pfirsich in der Hand dargestellt.
5. *Lü Tung-pin* wurde 798 in Nordchina in einer Beamtenfamilie geboren. Als junger unverheirateter Mann unternahm er eine Reise auf den Berg Lü im Süden. Dort begegnete ihm der Feuerdrache, der ihm ein magisches Schwert schenkte, dank dessen er sich im Himmel verstecken konnte.
6. *Ho Hsein-ku* ist die einzige Unsterbliche in der Gruppe der Pa-hsien. Sie soll in der T'ang-Dynastie zurückgezogen in den Bergen gelebt haben. Als sie ungefähr 14 Jahre alt war, erschien ihr im Traum ein Geist und befahl ihr, einen Stein, der »Mutter der Wolken« heißt, zu zerreiben und das Pulver zu essen. So würde sie federleicht werden und Unsterblichkeit erlangen. Sie tat, wie ihr der Geist befohlen hatte, und legte das Gelübde ab, nie zu heiraten. Seit diesem Zeitpunkt vermochte sie von einem Gipfel zum anderen zu fliegen. Dabei sammelte sie Früchte für ihre Mutter; sie selbst brauchte keine Nahrung mehr zu sich zu nehmen. Eines Tages wurde sie von der Kaiserin an den Hof gerufen, doch auf halbem Weg verschwand sie und wurde eine Unsterbliche. Sie soll später noch mehrmals gesehen worden sein.

7. *Lan Ts'ai-ho* wird manchmal auch mit weiblichen Zügen dargestellt. Er trägt zerlumpte Gewänder, einen Gürtel aus schwarzem Holz und an einem Fuß einen Stiefel. Der andere ist barfuß. In der Hand hält er oft einen Korb mit Blumen.
8. *Chung Li-ch'üan,* dessen Symbol ein Fächer aus Federn oder aus dem Blatt einer Fächerpalme ist, soll in der Han-Dynastie gelebt haben. Er wird als korpulenter Mann mit einem Bart, der bis zum Nabel reicht, und mit einer Glatze dargestellt. Man kann ihn auch an zwei Haarlocken an den Schläfen erkennen. Über sein Leben gibt es die verschiedensten Berichte: Nach Auffassung mancher war er ein Marschall, der sich im Alter in die Berge zurückzog. Nach anderen Texten war er Vizemarschall und floh nach einer verlorenen Schlacht gegen die Tibeter in die Berge, wo er von fünf Heiligen in die Lehre der Unsterblichkeit eingeweiht wurde. Jahrhunderte später soll er seinerseits Lü Tung-pin darin unterwiesen haben.

Pal-yün kuan, chin., wörtl.: »Kloster der weißen Wolken«; taoist. Kloster (→ Kuan) in Peking, Hauptkloster der Schule der Verwirklichung der Wahrheit (→ Ch'üan-chen tao). Es wurde im Jahr 739 errichtet und 1167 neu aufgebaut.
Im 13. Jh. war das Pai-yün kuan der Aufenthaltsort von Ch'iu Ch'u-chih, dem Begründer der nördlichen (oder Drachentor-)Richtung des Ch'üan-chen tao, der dort auch begraben liegt.
Die heutige Anlage stammt aus der Ch'ing-Dynastie. Das Kloster ist der Hauptsitz der Chinesischen Taoisitischen Gesellschaft.

Pa-kua, chin., Acht Trigramme; acht Zeichen, die die Grundlage des *Buches der Wandlung(en) (→ I-ching)* bilden und aus denen sich dessen 64 Hexagramme ableiten. Die

Trigramme bestehen aus Kombinationen von jeweils drei Yin- (— —) oder Yang- (——) (→ Yin-yang) Linien, die folgende acht Konstellationen ergeben:

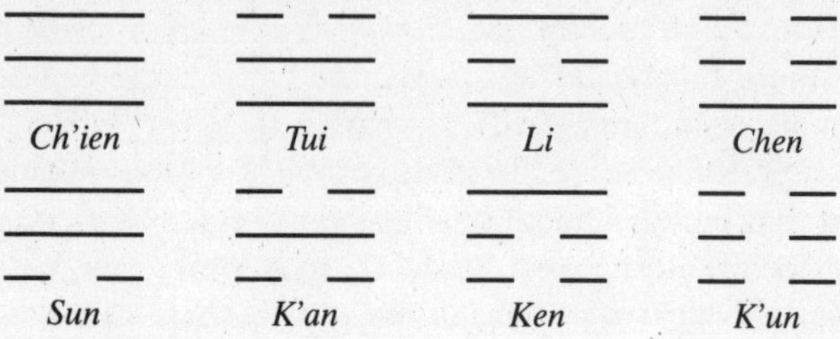

Eine hervorragende Stellung unter den Pa-kua nehmen die Trigramme → Ch'ien und K'un ein, die die Urkräfte, aus denen alle Erscheinungen entstehen, symbolisieren: Ch'ien ist reines Yang, reine männliche Energie, während K'un reines Yin oder weibliche Energie darstellt. Himmel und Erde sind die materiellen Repräsentanten dieser beiden Kräfte. Das Verschmelzen von Ch'ien und K'un bringt die restlichen sechs Trigramme hervor.
Neben Ch'ien und K'un sind → K'an und Li besonders wichtige Trigramme, da sie auch auf den Kopf gestellt ihre Gestalt und Bedeutung nicht verändern. Verdoppelt ergeben sie jeweils die Hexagramme gleichen Namens.
Die Pa-kua werden als Abbilder konkreter Realitäten angesehen:
Ch'ien, das Schöpferische, ist stark, der Himmel, der Vater.
K'un, das Empfangende, ist hingebend, die Erde, die Mutter.
Chen, das Erregende, ist Bewegung, der Donner oder das Holz, der älteste Sohn.
K'an, das Abgründige, ist Gefahr, Wasser oder Wolken, der mittlere Sohn.
Ken, das Stillehalten, ist Innehalten, der Berg, der jüngste Sohn.

Sun, das Sanfte, ist Eindringen, der Wind oder das Holz, die älteste Tochter.
Li, das Haftende, ist leuchtend, die Sonne oder der Blitz, die mittlere Tochter.
Tui, das Heitere, ist Freude, der See, die jüngste Tochter.

P'an-ku, Weltenschöpfer, erster Mensch. Nach einem Mythos aus dem 3. Jh. v. Chr. entstieg P'an-ku dem Chaos, das die Form eines Hühnereies hatte. Daraufhin trennten sich die Bestandteile des Eies in schwere, yinhaltige (→ Yin-yang), die zur Bildung der Erde führten, und leichte, yanghaltige, die den Himmel entstehen ließen. Während 18000 Jahren nahm die Entfernung zwischen Himmel und Erde täglich um 10 Fuß zu. P'an-ku wuchs mit der gleichen Geschwindigkeit, so daß er den Raum zwischen Himmel und Erde immer ausfüllte. Nach seinem Tod verwandelten sich seine einzelnen Körperteile in die verschiedenen Regionen der Welt. Die Beschreibung dieser Transformation variiert von Quelle zu Quelle.

Pao-p'u-tzu, chin., wörtl.: »Der das Rohholz (→ P'u) umarmt«; Titel des wichtigsten Werkes von → Ko Hung, das eine systematische Darstellung aller zu seiner Zeit bekannten Methoden zur Erlangung der Unsterblichkeit ist. Der Name des Werkes ging später auf den Autor über.
Der Ausdruck »Rohholz«, oft auch übersetzt mit »der unbehauene Klotz«, steht für ungekünstelte Einfachheit, den natürlichen Urzustand des Menschen. Deshalb wird Pao-p'u-tzu auch übersetzt mit »Der Meister, der seine Einfachheit bewahrt«.

Pa-tuan-chin, chin., etwa: »acht elegante Übungen«; Reihe von taoist. Körperübungen (→ Ch'i-kung), die in ihrer ältesten Form angeblich aus dem 12. Jh. stammen und urspr. aus

acht Bewegungselementen bestanden, später aber erweitert wurden.
Man unterscheidet eine schwierige nördliche und eine leichtere südliche Form. Die südliche geht auf Liang Shih-ch'ang, die nördliche auf Yo Fei zurück; beide stammen aber wahrscheinlich von einer noch unbekannten Familientradition ab. Die acht eleganten Übungen werden sowohl im Sitzen als auch im Stehen ausgeführt.

P'eng-lai, chin., wörtl.: »Wucherndes Unkraut«; Insel im Ostchinesischen Meer, die nach taoist. Auffassung von Unsterblichen (→ Hsien) bewohnt ist. Auf P'eng-lai, das in der chin. Mythologie den Inbegriff von Glückseligkeit darstellt, wächst der sagenhafte Pilz der Unsterblichkeit, nach dem auf vielen Expeditionen gesucht wurde. Die ersten Schiffsexpeditionen nach P'eng-lai fanden im 4. Jh. v. Chr. statt. Doch keine war erfolgreich: Jedes Schiff, das sich der sagenumwobenen Insel näherte, wurde entweder vom Wind abgetrieben, kenterte, oder die Insel versank vor den Augen der Besatzung im Wasser.
In der taoist. Literatur wird die Insel P'eng-lai erstmals im Werk des Philosophen → Lieh-tzu (Buch 5, Kap. 2) erwähnt. Das Motiv der Suche nach dem Pilz der Unsterblichkeit auf der Insel P'eng-lai ist eines der Elemente, die in der Entstehung des religiösen Taoismus (→ Tao-chiao) wichtig waren.

P'eng-tzu, Gestalt der chin. Mythologie, Symbol der Langlebigkeit. Er wird im religiösen Taoismus (→ Tao-chiao) als der Begründer der sexuellen Praktiken zur Lebensverlängerung angesehen (→ Fang-chung shu).
P'eng-tzu soll der Sage nach unter der Hsia-Dynastie geboren worden sein und am Ende der Yin-Dynastie bereits 777 Jahre (nach manchen Autoren sogar über 800 Jahre) alt gewesen

sein. Er wurde vom König Yin zum Arzt bestellt. Sein Äußeres glich dem eines Jugendlichen; um sich jung zu erhalten, nahm er oft Glimmerstaub und zerriebenes Horn einer Elchart zu sich. Er wandte sich gegen den Rückzug aus der Welt und sprach sich für das Genießen der Freuden der Welt aus, was dem Fortschritt auf dem Weg nicht hinderlich sei.

Pi-ch'i, chin., wörtl.: »den Atem anhalten«; taoist. Atemübung, bei der der Atem zuerst harmonisiert (→ Tiao-ch'i), dann geschluckt (→ Yen-ch'i) und schließlich so lange wie möglich angehalten wird.
Der Anfänger hält den Atem während 3–9 Herzschlägen an; dies ist die sog. Kleine Runde. Die den Fortgeschrittenen vorbehaltene Große Runde dauert 120 Herzschläge. Hat man diese Stufe erreicht, vermag man eigene Krankheiten zu heilen. Aber erst wenn es gelingt, den Atem während der Dauer von 1000 Herzschlägen anzuhalten, nähert man sich der Unsterblichkeit.

Pi-hsia yüan-chün, chin., wörtl.: »Prinzessin der azurblauen Wolken«; taoist. Gottheit, Tochter der Gottheit des Berges T'ai (→ Tai-shan, → T'ai-yüe ta-ti). Pi-hsia yüan-chün ist auch als Dame des T'ai-shan (T'ai-shan niang-niang) oder Heilige Mutter (Sheng-mu) bekannt. Sie ist die Beschützerin der Frauen und Kinder und wird in dieser Rolle oft mit der buddhist. Kuanyin verglichen. Der ihr geweihte Tempel auf dem Gipfel des T'ai-shan ist auch heute noch Ziel vieler Pilger, die sich von der Prinzessin der azurblauen Wolken Kindersegen erbitten.

Pi-ku, chin., wörtl.: »Vermeiden des Genusses von Körnerfrüchten«; taoist. Praktik, die zur Erlangung der Unsterblichkeit unumgänglich ist. Sie beruht auf der Vorstellung, daß die fünf Arten von Körnerfrüchten, die die Grundlage der Er-

nährung der Chinesen bilden, nämlich Reis, Hirse, Weizen, Hafer und Bohnen, auch die Nahrung der Drei Würmer (→ San-ch'ung), die Krankheiten hervorrufen und das Leben verkürzen, sind. Ferner werden sie als schädlich angesehen, da ihre wesentliche Eigenschaft die der Essenz der Erde ist. Die durch den Genuß dieser Pflanzen hervorgerufenen Schädigungen sind nach taoist. Auffassung erblich.
Der Verzicht auf den Genuß von Körnerfrüchten muß, um erfolgreich zu sein, von anderen Maßnahmen begleitet sein: Der Adept darf weder Alkohol noch Fleisch zu sich nehmen und muß auch alles Scharfe meiden.

P'o, chin., Körperseele; eine der beiden Arten von Seelen, die ein Mensch nach chin. Auffassung besitzt. Die andere ist die sog. Hauchseele (→ Hun).
Der Mensch verfügt über sieben P'o-Seelen, die der passiven Kraft des Yin (→ Yin-yang) zugeordnet werden und die niedrigen Körperfunktionen regeln. Sie haften am Körper des Menschen; verlassen die P'o-Seelen den Körper, tritt der Tod ein. Dann steigen die P'o-Seelen in die Erde hinab, die reines Yin ist.

P'u, chin., wörtl.: »Rohholz, der Unbehauene Klotz«; Einfachheit, Schlichtheit, Einfalt. Von Lao-tzu im → *Tao-te ching* verwendetes Symbol für die ursprüngliche, einfache und schlichte Natur des Menschen, die auch manchmal mit der eines Neugeborenen *(ying-erh)* oder roher Seide *(su)* verglichen wird und die es wiederzuerlangen gilt. P'u ist das Endziel der Rückkehr (→ Fu) und manifestiert sich in Begierdelosigkeit und absichtslosem Handeln (→ Wu-wei). Die Rückkehr zu diesem Urzustand unseres Wesens ist nur durch die Verminderung unserer Wünsche möglich: Im *Tao-te ching* (Kap. 19) heißt es:

»Zeigt Einfachheit [Su], haltet fest an Lauterkeit [P'u]!
Mindert Selbstsucht, verringert die Begierden!
Gebt auf die Gelehrsamkeit!
So werdet ihr frei von Sorgen.«

Pu-nao, chin. → Huan-ching

R

Ru-chia, chin. → Konfuzianismus

S

San-ch'ing, chin., wörtl.: »die Drei Reinen«; drei taoist. Himmel (→ T'ien) und die drei Gottheiten, die diese bewohnen.

Der 1. Himmel ist Yü-ch'ing, der Himmel der Jadereinheit, der von → Yüan-shih t'ien-tsun, dem Himmlischen Ehrwürdigen des Uranfangs, bewohnt wird. Er ist auch als T'ien-pao-chün oder Herr des Himmlischen Juwels bekannt. Nach manchen Quellen wird dieser höchste Himmel auch von → Yü-huang, dem Jadekaiser, regiert. Im Volksglauben steht Yü-huang, der als der Herrscher über Himmel und Erde gilt, an erster Stelle.

Der 2. Himmel, Shang-ch'ing, der Himmel der Hohen Reinheit, ist Ling-pao t'ien-tsun, dem Himmlischen Ehrwürdigen des Magischen Juwels vorbehalten. Dieser wird manchmal auch Tao-chün, Herr des Tao, genannt und gilt als der Bewacher der Magischen Schriften (→ Ling-pao ching). Er hat vom Anbeginn der Welt existiert. Seine Aufgabe ist es, die Zeit zu kalkulieren und in die verschiedenen Epochen einzuteilen sowie Yin und Yang (→ Yin-yang) zu regulieren.

Über den 3. Himmel, T'ai-ch'ing, den Himmel der Höchsten Reinheit, herrscht Tao-te t'ien-tsun, der Himmlische Ehrwürdige des → Tao und des → Te, der identisch ist mit T'ai-shang lao-chün, dem Höchsten Herrn Lao, d. h. mit → Lao-tzu (auch → Lao-chün). Dieser Himmlische Ehrwürdige gilt als der Verkünder der taoist. Lehre, wie sie der Himmlische Ehrwürdige des Magischen Juwels in seinen Büchern bewahrt. Er nimmt die verschiedensten Gestalten, so die des Lao-tzu, an, um den Menschen in der Welt des Staubes die Lehre des Tao nahezubringen.

San-ch'ung, chin., wörtl.: »Drei Würmer«; drei transzendente Wesen, die nach taoist. Auffassung in den Drei Zinnoberfeldern (→ Tan-t'ien) wohnen. Diese Wesen haben keine beständige Form; manchmal erscheinen sie als Dämonen, manchmal in menschlicher Gestalt.
Die Drei Würmer trachten danach, das Leben des Menschen, in dessen Körper sie hausen, zu verkürzen und ihm das Erlangen der Unsterblichkeit unmöglich zu machen. Sie verursachen die verschiedenen Krankheiten und melden außerdem dem Himmel die Sünden des Menschen, damit dieser dessen Leben verkürze (→ Ssu-ming). Der nach Unsterblichkeit strebende taoist. Adept muß daher versuchen, sich von den San-ch'ung zu befreien: Er muß auf den Genuß von Körnerfrüchten verzichten (→ Pi-ku), denn diese dienen den Drei Würmern als Nahrung. Als unterstützende Maßnahme kann er an all jenen Tagen, an denen die Drei Würmer in den Himmel steigen wollen, um → Yü-huang, dem Jadekaiser, die guten und schlechten Taten des Menschen zu melden, meditieren und fasten. Dadurch können die Würmer nicht aufsteigen.

San-hsing, chin., wörtl.: »Drei Sterne«; drei Sternengottheiten oder Glücksgötter. Sie sind ein beliebtes Motiv der chin. Volkskunst: Fu-hsing, der Stern des Glücks, wird meist in der Begleitung eines Kindes oder seiner symbolischen Form, einer Fledermaus, dem Zeichen des Glücks, dargestellt. Lu-hsing, der Stern der Würden, wird oft nur in seiner symbolischen Form als Hirsch abgebildet. Shou-hsing, der Stern der Langlebigkeit, fällt durch seinen enorm hohen kahlen Kopf auf. Er stützt sich oft auf einen knotigen Stock, einem Symbol der Unsterblichen (→ Hsien), und hält in der anderen Hand den Pfirsich der Unsterblichkeit. In symbolischen Darstellungen ist er durch einen Pilz und eine Schildkröte vertreten (→ Shou-lao).

Die Sang-hsing sind historische Persönlichkeiten, die dank ihrer besonderen Verdienste vergöttlicht wurden.

San-hsüan, chin., wörtl.: »Drei Unergründliche«; im Neotaoismus (→ Hsüan-hsüeh) gebräuchlicher Sammelname für das → *Tao-te ching* des Lao-tzu, das → *Chuang-tzu* und das → *I-ching*.

Suan-huang, chin., wörtl.: »Drei Erhabene«; drei legendäre Kaiser Chinas, nämlich → Fu Hsi, → Shen-nung und Yen-ti. Sie sollen gemäß pseudohistorischer Auffassung China zwischen 2852 und 2697, nach anderer Chronologie zwischen 2952 und 2490 v. Chr. regiert haben. Ihnen folgten die fünf legendären Kaiser (→ Wu-ti) nach.

San-i, chin., wörtl.: »die Drei Einen«; drei Gottheiten, die nach Auffassung der → Inneren-Gottheiten-Hygiene-Schule des religiösen Taoismus (→ Tao-chiao) über die drei Zinnoberfelder (→ Tan-t'ien) in Kopf, Herzgegend und Bauch wachen. Die Drei Einen unterstehen ihrerseits dem Höchsten Einen (→ T'ai-i), das in einem der Felder des Oberen Zinnoberfeldes lebt. Die Drei Einen haben die Aufgabe, die drei Zinnoberfelder, die die Zentren der Lebenskraft des Menschen darstellen, vor Geistern und bösem Atem zu schützen. Sie sind die Widersacher der Drei Würmer (→ San-ch'ung). Der Begriff San-i kann auch die Dreiheit von Geist (→ Shen), der Lebenskraft (→ Ch'i) und Essenz (→ Ching) bezeichnen. In taoist. Texten, die aus der Zeit der Han-Dynastie stammen, versteht man unter den Drei Einen das Himmlische Eine (T'ien-i), das irdische Eine (Ti-i) und das Höchste Eine (T'ai-i).

San-kuan, chin., etwa: »Drei Herrscher«; drei taoist. Gottheiten: T'ien-kuan, der Herrscher des Himmels; Ti-kuan, der

Herrscher der Erde und Shui-kuan, der Herrscher des Wassers.
Diese drei Gottheiten nehmen im religiösen Leben des chin. Volkes einen wichtigen Platz ein. Nach populärer Auffassung verleiht der Herrscher des Himmels Reichtum und Glück, der der Erde vergibt Fehler und Sünden, der Herrscher des Wassers hilft in Schwierigkeiten. Außerdem fühlen sie ein Register mit den guten und schlechten Taten der Menschen.
Die Verehrung der San-kuan geht bis auf die Anfänge des religiösen Taoismus (→ Tao-chiao) zurück: → Chang Chüeh und → Chang Tao-ling, die Führer des Wegs des Höchstens Friedens (→ Tai-p'ing tao), und des Fünf-Scheffel-Reis-Taoismus (→ Wu-tou-mi tao), nahmen die Hilfe dieser Drei Herrscher bei ihren Heilungszeremonien in Anspruch.

San-pao, chin., wörtl.: »Drei Schätze«; Begriff des → *Tao-te ching,* mit dem Liebe, Genügsamkeit und Verzicht auf Ruhm und Ehren gemeint sind.
Im religiösen Taoismus (→ Tao-chiao) hat der Begriff San-pao verschiedene Bedeutungen. Er bezeichnet: 1. nach buddhist. Muster den Weg (→ Tao), die taoist. Schriften (→ Tao-tsang) und die Meister der Lehre (→ Tao-shih). Die Anhänger des Taoismus bezeugen im Rahmen von Zeremonien immer wieder ihre Hochachtung vor diesen Drei Schätzen. 2. die drei Zinnoberfelder (→ Tan-t'ien); 3. die sog. Inneren Schätze: Ur-Essenz (→ Ching), Ur-Energie (→ Yüan-ch'i, → Ch'i) und Ur-Geist (→ Shen, → San-yüan).
Im Gegensatz zu diesen drei Inneren Schätzen stellen Ohren, Augen und Mund die drei Äußeren Schätze dar.

San-ts'ai, chin., wörtl.: »Drei Kräfte«; im → *I-ching* Bezeichnung für den Himmel (→ T'ien), die Erde und den Menschen.
In anderen Werken meint San-ts'ai auch die Dreiheit von

Himmel und Erde, Mensch und den Zehntausend Dingen (→ Wan-wu).

San-yüan, chin., wörtl.: »Drei Ursprünge, Drei Fundamente«; in der taoist. Literatur werden verschiedene Dreiergruppen als San-yüan bezeichnet:
1. → San-kuan: Himmel, Erde, Wasser; 2. → Tan-t'ien: die Drei Zinnoberfelder; 3. Ur-Essenz (→ Ching), Ur-Energie (→ Yüan-ch'i) und Ur-Geist (→ Shen): d. h. Essenz, Energie und Geist im Zustand vor dem Geborensein, zu dem man nach taoist. Auffassung zurückkehren muß, will man Vollkommenheit erlangen.

Schule des Magischen Juwels → Ling-pao p'ai

Shang-chi'ing, chin. → San-ch'ing

Shan Tao → Chu-lin ch'i-hsien

Shen, chin., Gottheit, Geist; im Taoismus bezeichnet Shen einerseits die Gottheiten, die das Universum und nach Auffassung einiger Schulen das Innere des Körpers bewohnen. Andererseits ist damit auch der persönliche Geist, eine der drei Lebenskräfte des Menschen, gemeint.
Der Makrokosmos, das Universum, ist von 36000 Gottheiten bewohnt, die nach Auffassung der → Inneren-Gottheiten-Hygiene-Schule auch im Innern des Körpers eines Menschen existieren. Diese Shen muß der taoist. Adept, will er Unsterblichkeit erlangen, durch verschiedene meditative und gesundheitliche Übungen am Verlassen des Körpers hindern. Jedes dieser Shen hat einen Namen und ist genau lokalisiert und beschrieben. Die höchsten Shen sind die Drei Reinen (→ San-ch'ing).
Daneben ist Shen auch der persönliche Geist eines Men-

schen, der aus der Vereinigung von → Ching, der Essenz, mit der Ur-Energie (→ Yüan-ch'i) des Universums entstanden ist und mit dem ersten Atemzug des Menschen in dessen Körper eindringt. Im Augenblick des Todes entweicht er wieder. Er bestimmt die Gefühls- und Gedankenwelt des Menschen. Shen hat seinen Sitz im Oberen Zinnoberfeld (→ Tan-t'ien). Nach konfuzian. Auffassung ist Shen das spirituelle Element, das sich in der Ahnentafel, die von den Angehörigen des Verstorbenen verehrt wird, befindet.

Sheng-jen, chin., wörtl.: »Weiser, Heiliger«; einer der Namen, die → Chuang-tzu seinem Ideal des Menschen, der Vollkommenheit erlangt hat, verleiht (→ Chih-jen, → Chen-jen, → Shen-jen). Im 1. Kap. des 2. Buches des *Chuang-tzu* werden die Eigenschaften eines Sheng-jen beschrieben.

Sheng-mu → Pi-hsia yüan-chün, → T'ai-shan

Sheng-t'ai, chin., wörtl.: »Heiliger Embryo«; nach taoist. Vorstellung durch die Verschmelzung des Inneren Ch'i (→ Nei-ch'i, → Ch'i) und der Essenz (→ Ching) im Unteren Zinnoberfeld (→ Tan-t'ien) geschaffener »Embryo«, der vom Atem genährt wird und sich langsam zu einem neuen reinen Körper innerhalb des physischen Körpers entwickelt. Dieser Embryo ist die »unsterbliche Seele« des Taoisten. Stirbt der physische Körper, verläßt dieser reine Körper die sterbliche Hülle, und der Übende wird ein Unsterblicher (→ Hsien).
In der Lehre der Inneren Alchemie (→ Nei-tan) wird die Entstehung des Heiligen Embryos in manchen Texten mit Begriffen der Äußeren Alchemie (→ Wai-tan) genau beschrieben und analog zur Praxis des Wirkens des neunfach geläuterten Zinnobers der Alchemisten in neun Stufen gegliedert.
In anderen Texten, in denen der Einfluß der Äußeren Alchemie weniger stark ist, wird der Heilige Embryo am Beginn sei-

ner Entwicklung als Perle oder rostfarbener Tropfen beschrieben. → Wei P'o-yang spricht von einem Perlenkind; in anderen Schriften ist er als mysteriöse Perle *(hsüan-chu)* bekannt. Manchmal wird er auch mit einem Getreidekorn oder einem Wassertropfen verglichen. In den synkretist. Richtungen, die Taoismus, Buddhismus und Konfuzianismus verbinden, wird die taoist. Vorstellung des Sheng-t'ai gleichgestellt mit der buddhist. des Tathāgata-Garbha oder des Dharmakāya. Der Terminus Sheng-t'ai findet sich auch in Texten von Tsung-mi, einem Patriarchen der Hua-yen-Schule des chin. Buddhismus. In einer Schrift über die Ursprünge des Zen spricht er davon, den Geist (→ Shen) zu nähren und den Heiligen Embryo wachsen zu lassen. Auch Ma-tsu Tao-i, einer der berühmtesten Zen-Meister des 8. Jh., verwendete diesen Begriff.

Shen-jen, chin., wörtl.: »geistiger Mensch«; einer der Namen, die → Chuang-tzu seinem Ideal des Menschen, der das Tao verwirklicht hat, verleiht (→ Chen-jen, → Chih-jen, → Sheng-jen). Im 1. Buch, Kap. 1 des *Chuang-tzu* heißt es: »Der höchste Mensch [Chih-jen] ist frei vom Ich; der geistige Mensch [Shen-jen] ist frei von Werken; der berufene Heilige [Sheng-jen] ist frei vom Namen.« (Zit. n. R. Wilhelm, 1969, S. 31.)

Shen-nung, chin., wörtl.: »göttlicher Landmann«; Gestalt der chin. Mythologie, einer der Drei Erhabenen (→ San-huang). Shen-nung hat den Pflug erfunden und die Menschen in der Kunst des Ackerbaus unterwiesen. Auch das Urbarmachen des Waldes lernte die Menschheit von ihm. Der Gebrauch von Heilmitteln geht ebenfalls auf ihn zurück. Shen-nung gilt ferner als der Gott des Windes. Er ist die Idealfigur gewisser naturschwärmerischer und zivilisationsfeindlicher Richtungen in der chin. Geschichte.

Shih-chieh, chin., wörtl.: »Lösung vom Leichnam«; in der taoist. Tradition zur Erklärung des physischen Todes eines Unsterblichen (→ Hsien) entstandene Theorie, nach der sich ein Unsterblicher zum Schein in eine Leiche verwandelt, bevor er bei hellem Tag gen Himmel steigt (→ Fei-sheng), womit die Lösung vom Irdischen und die Verwandlung vollzogen ist.
In den meisten Fällen von Shih-chieh ist der Sarg, wenn man ihn einige Zeit nach dem »Tode« öffnet, leer. Statt des Leichnams findet man den Stock, das Schwert, die Sandalen oder ein Kleidungsstück des zum Unsterblichen gewordenen Adepten.

Shih-i, chin., wörtl.: »Zehn Flügel«; die Kommentare (I-chuan) zum → *I-ching,* die die Erklärungen zum Hauptteil des *Buches der Wandlung(en)* aus konfuzian. Sicht enthalten. Die Zehn Flügel sind: *Tuan-chuan,* Kommentar (2 Teile) zu den Entscheidungen; *Hsiang-chuan,* Kommentar (2 Teile) zu den Bildern; *Hsi-tz'u,* Beigefügte Urteile, auch *Ta-chuan,* Großer Kommentar (2 Teile), genannt; *Wen-yen,* Kommentar zu den Textworten; *Shuo-kua,* Besprechung der Zeichen (→ Pa-kua); *Hsü-kua,* Anordnung der Zeichen; *Tsa-kua,* Vermischte Zeichen.

Shou, chin., wörtl.: »langes Leben«; Vorstufe zur Unsterblichkeit (→ Ch'ang-sheng pu-ssu). Dem chin. Schriftzeichen Shou als Symbol des taoist. Ideals wird fast magische Wirkung zugeschrieben; es taucht in künstlerischen Darstellungen in jeder nur denkbaren Form auf.
Nach taoist. Auffassung kann die individuelle Lebensspanne durch verschiedene Übungen verlängert werden. Von besonderer Bedeutung sind Atem- und Gymnastikübungen, Meditation, Vermeiden bestimmter Speisen, sexuelle Techniken usw.

Shou-hsing → San-hsing

Shou-i chin., wörtl.: »das Eine bewahren«; taoist. Meditationsmethode. Sie besteht in der Visualisation von Gottheiten, die das Innere des Körpers (→ Shen, → Innere-Gottheiten-Hygiene-Schule) bewohnen, um diese im Körperinnern zu bewahren. Meist wird dabei das Höchste Eine (→ T'ai-i), die wichtigste Körpergottheit, visualisiert, daher die Bezeichnung »Shou-i«. Ziel dieser Meditationstechnik ist es, eine Vereinigung mit dem Höchsten Einen zu verwirklichen.

Shou-lao, chin., taoist. Gottheit des Langen Lebens (→ Ch'ang-sheng pu-ssu). Shou-lao ist der populäre Name der Sternengottheit des langen Lebens, Shou-hsing (→ San-hsing). – Sein Kennzeichen ist der durch den Gehalt an Energie enorm vergrößerte Kopf. In der Hand hält Shou-lao meist einen knorrigen Stab und eine Kürbisflasche, die das Lebenswasser enthält, und den Pfirsich der Unsterblichkeit, der oft noch einen Kranich, ein Symbol der Unsterblichkeit, birgt.

Shui-kuan → San-kuan

Shun, 2255–2205, nach anderer Rechnung 2233–2184 v. Chr.; einer der legendären Fünf Kaiser (→ Wu-ti), Nachfolger des → Yao, der ihn auf Anraten der »Vier Berge«, der Führer der vier Himmelsrichtungen, anstelle seines Sohnes zum Herrscher machte. Shun, so heißt es in den klass. Schriften, sei ein Mann der »Ostbarbaren« gewesen, der sich aufs Töpfern verstand und den Acker selbst bebaute. Er soll die vier Himmelsgegenden bereist und die vier unheilvollen Wesen, die die Tore der vier Richtungen bewachten, verbannt haben. Sein Nachfolger war Yü der Große (→ Ta-yü).
Shun und sein Vorgänger Yao werden in den »Gesprächen« *(Lun-yü)* des Konfuzius (→ K'ung-tzu) und anderen konfu-

zian. Schriften als ideale Herrscher des Goldenen Zeitalters beschrieben, deren Regierungsweise allen Königen und Kaisern als Vorbild dienen sollte.

Ssu-hsiang, chin., wörtl.: »Vier Bilder«; Begriff des → *I-ching*. Die Vier Bilder sind die Bausteine der 64 Hexagramme und bestehen aus je zwei Linien, die entweder Yin- oder Yang-Charakter (→ Yin-yang) haben können. Die Yin-Linie ist eine gebrochene Linie (— —), die Yang-Linie eine durchgehende (——). Yin symbolisiert die Erde, Yang den Himmel. Die Vier Bilder mit ihren Kombinationen von Yin- und Yang-Linien stellen die vier möglichen Verbindungen von Himmel und Erde dar, die die vier Jahreszeiten bestimmen.

Ssu-ming, chin., wörtl.: »Herr des Schicksals«, bekannter als → Tao-chün, der Herdgott; eine der wichtigsten Gottheiten des religiösen Taoismus (→ Tao-chiao). Er ist der Herr des Schicksals, der über die Lebensspanne des einzelnen entscheidet. Er führt ein Register über die Verdienste und Verfehlungen, die er dem Höchsten Einen (→ T'ai-i) meldet und dabei bittet, die jedem Menschen zugeteilte Lebensspanne dementsprechend zu verlängern oder zu verkürzen. Im Buch des Todes des Ssu-ming sind die Namen all jener, die sterben müssen, verzeichnet, im Buch des Lebens vermerkt er die Namen der Unsterblichen (→ Hsien).
Nach Auffassung der → Inneren-Gottheiten-Hygiene-Schule lebt er wie das Höchste Eine in einem der Abteile des Oberen Zinnoberfeldes (→ Tan-t'ien).

Sung Wen-ming, taoist. Schriftsteller und Reformator des 6. Jh., der nach buddhist. Vorbild das Zölibat für taoist. Mönche popularisierte. Er schrieb Kommentare zu den Werken von → Chang Tao-ling und war maßgeblich an der Verbreitung des → Ling-pao p'ai beteiligt.

Sun Ssu-miao, 581–682, berühmter taoist. Arzt und Gelehrter der T'ang-Dynastie, dem aufgrund seiner ärztlichen Fähigkeiten von Kaier Sung Hui-tsung der Titel »Wahrer Mensch« (→ Chen-jen) verliehen wurde.
Sun Ssu-miao systematisierte die klinischen Erfahrungen seiner Zeit, sammelte Rezepte und befaßte sich mit Akupunktur. Auf ihn gehen u. a. die sog. Tausend-Dukaten-Rezepte (Ch'ien-chin fang), eine Sammlung von Atemübungen, zurück. Außerdem verfaßte er Abhandlungen über die Verlängerung des Lebens, über die Meditation des Ts'un-shen (→ Ts'un-ssu) und das Schmelzen des Atems (→ Lien-ch'i).

T

Tai-i, chin. → T'ai-i

T'ai-chi, chin., wörtl.: »Firstbalken«, soviel wie das Größte oder Höchste Letzte, das Große Allerletzte; Begriff des → *I-ching,* wo es die Letzte Wirklichkeit, den Urgrund des Seins, aus dem alles entsteht, bezeichnet. Es erlangte besondere Bedeutung in der Philosophie des Neokonfuzianismus (→ Chu Hsi). – Tai-chi ist im wesentlichen gleichbedeutend mit → T'ai-i, dem Höchsten Einen.

T'ai-chi-ch'uan, chin., wörtl.: »die Faust(-kampfmethode) des Höchsten Letzten (→ T'ai-chi)«; eine aus einer Methode der Selbstverteidigung entstandene Meditation in Bewegung. T'ai-chi-ch'uan, dessen Ursprünge bis ins 14. Jh. zurückgehen sollen, besteht aus einer Abfolge weicher, fließender, langsam ausgeführter Bewegungen, die durch das Koordinieren von Bewußtsein, Atem und Bewegung eine Harmonisierung der Kräfte von Yin und Yang (→ Yin-yang) bewirken. Es hat gesundheitsfördernde Wirkung, löst Spannungen im Körper und Blockaden in den Energiemeridianen. Heute kennt man 5 Hauptstile des T'ai-chi-ch'uan. Der bekannteste ist der sog. Yang-Stil, benannt nach seinen Begründern Yang Lu-ch'an und Yang Ch'en-fu.
Tai-chi-ch'uan wird meist als Einzelübung praktiziert, die Partnerübungen sind als T'ui-shou (etwa: »schiebende Hände«) bekannt. T'ai-chi-ch'uan kann auch mit Lanze, Messer oder Schwert ausgeführt werden.

T'ai-ch'ing, chin. → San-ch'ing

T'ai-chi-t'u, chin., wörtl.: »Diagramm des Höchsten Letzten« (→ T'ai-chi). Vom neokonfuzian. Philosophen Chou Tun-i (1017–1073) geschaffenes kosmologisches Diagramm zur Veranschaulichung des Prozesses der Entstehung der Zehntausend Dinge (→ Wan-wu) aus dem höchsten Prinzip, dem T'ai-chi, das er mit → Wu-chi, dem Unbedingten, identifiziert. Aus diesem entstehen die beiden Kräfte des → Yinyang, die ihrerseits die vier Jahreszeiten und die Fünf Elemente (→ Wu-hsing) und die Zehntausend Dinge schaffen. Im T'ai-chi-t'u verbindet Chou Tun-i konfuzian. mit religiös-taoist. Vorstellungen.

T'ai-hsi, chin., wörtl.: »Embryoanalatmung«; taoist. Meditationsübung zur Verlängerung des Lebens, die darin besteht, zu lernen, wie ein Embryo im Mutterleib zu atmen. Sie stellt im wesentlichen eine Kombination aus Anhalten des Atems (→Pi-ch'i) und Kreisenlassen des Atems (→ Hsing-ch'i) dar. Ihr Ziel ist, einen »Unsterblichkeitskörper«, der vom Atem genährt wird, zu schaffen (→ Sheng-t'ai). Beim Tod des Adepten löst sich dieser Embryo vom Leichnam (→ Shih-chieh), und der Übende wird ein Unsterblicher (→ Hsien).

T'ai-i, chin., wörtl.: »das Höchste Eine«; auch Ta-i, »das große Eine« genannt; Begriff des Taoismus, der im Lauf der Entwicklung einen großen Bedeutungswandel erfuhr. Im philosoph. Taoismus (→ Tao-chia) stellt T'ai-i die allen Erscheinungen zugrunde liegende Einheit dar und ist gleichbedeutend mit → Tao. In der → Inneren-Gottheiten-Hygiene-Schule wird das Höchste Eine als die wichtigste Gottheit im menschlichen Körper angesehen. Im Zuge der Personifizierung abstrakter Begriffe wurde T'ai-i zu → San-i, der höchsten Gottheit des religiösen Taoismus (→ Tao-chiao).
Oft ist T'ai-i gleichbedeutend mit → T'ai-chi.

T'ai-i chin-hua tsung-chih, chin., wörtl.: »Lehre von der Goldenen Blüte des Höchsten Einen (→ T'ai-i)«; taoist. Werk aus dem 17. Jh. Es steht in der Tradition einer der großen Schulen des religiösen Taoismus, der Schule der Verwirklichung der Wahrheit (→ Ch'üan-chen tao) und stellt eine Synthese der Lehre des Inneren Elixiers (→ Nei-tan) vom meditativen Atmen und des chin. Zen-Buddhismus dar.
Dieses Werk wurde im Westen dank der (unvollständigen) Übersetzung des deutschen Sinologen Richard Wilhelm und des Kommentars von C. G. Jung (Zürich 1929) bekannt, der in den Bildern des »Geheimnisses der Goldenen Blüte« Parallelen sieht zu Symbolen des psychischen Prozesses, wie er in seiner Psychologie dargestellt wird. Eine vollständige Übersetzung des Werkes von dem jap. taoist. Gelehrten Mokusen Miyuki liegt unter dem Titel *Die Erfahrung der Goldenen Blüte* (Bern 1984) vor.

T'ai-tao, chin., wörtl.: »Weg des Höchsten Einen«; von Hsiao Pao-chen im 12. Jh. gegründete Schule des religiösen Taoismus (→ Tap-chiao), die mit der älteren Richtung des → Cheng-i tao, des Wegs der Rechten Einheit, verwandt ist. Der Weg des Höchsten Einen versucht, Krankheiten durch die Verwendung von Talismanen (→ Fu-lu), Beschwörungen und Zauberformeln zu heilen. Außerdem enthält diese Lehre konfuzian. Elemente. Ihre Anhänger sind verpflichtet, strenge Ordensregeln zu befolgen. – Diese Schule erlosch gegen Mitte der Yüan-Dynastie.

T'ai-p'ing ching, chin., wörtl.: »Buch vom Höchsten Frieden«; taoist. Werk, das in verschiedenen Fassungen existierte; eine davon wird → Yü Chi zugeschrieben. Heute sind nur mehr Fragmente erhalten. Das *T'ai-p'ing ching* bildet die Lehrgrundlage der Bewegung des Tao des Höchsten Friedens (→ T'ai-p'ing tao). Das Buch vom Höchsten Frieden umfaßt alle Aspekte der taoist. Lehre der Frühzeit: → Yin-yang, die Fünf Elemente (→ Wu-hsing), Beschreibungen von Gottheiten usw. Es enthält die älteste Anleitung zur taoist. Meditation des → Shou-i.

T'ai-p'ing tao, chin., wörtl.: »Weg des Höchsten Friedens«; frühtaoist. Schule, die zwischen 172 und 178 n. Chr. von → Chang Chüeh begründet wurde. Ihren Namen leitet diese Richtung von ihrem Basiswerk, dem → *Tai-ping ching,* ab. Chang Chüeh versammelte dank seiner spektakulären Heilmethoden eine riesige Anhängerschaft um sich, was ihm aufgrund der schlechten Lebensbedingungen der Bauern, die von den Han-Herrschern unterdrückt und von Seuchen und Naturkatastrophen heimgesucht wurden, leicht gelingen konnte. Seine Heilmethode nannte er T'ai-p'ing tao. Sie war rein magischer Natur. Seine Anhänger mußten, um Heilung erlangen zu können, ihre Sünden in Massenzeremonien beichten, denn in Sünden sah Chang Chüeh die Wurzeln von Krankheiten. Ein weiteres wichtiges Ritual des T'ai-p'ing tao waren Fastenzeremonien (→ Chai). Außerdem verwendeten die Führer des T'ai-p'ing tao Talismane (→ Fu-lu), geweihtes Wasser (Fu-shui), Zaubersprüche u. ä. Das T'ai-p'ing tao beruft sich auch auf das → *Tao-te ching,* das es allerdings auf sehr eigenwillige Art und Weise interpretiert. In seiner Lehre weist es große Ähnlichkeit mit dem Fünf-Scheffel-Reis-Taoismus (→ Wu-tou-mi tao) auf.
Die Massenbewegung des T'ai-p'ing tao war auch politisch organisiert. Ihre Anhänger waren in eine streng hierarchische Ordnung eingebunden, die auch militärische Funktion hatte. Das Einflußgebiet des T'ai-p'ing tao, das acht Provinzen umfaßte, wurde in 36 Bezirke mit je 7000 bis 10000 Anhängern unterteilt. Jeder dieser Bezirke unterstand einem »General«; die höchsten Führer waren Chang Chüeh und seine Brüder. Chang nannte sich selbst »Himmelsfürst-General«, seine

Brüder »Erdfürst-General« bzw. »Menschenfürst-General«. Im Jahr 184 rebellierten 360000 Anhänger des Wegs des Höchsten Friedens gegen die Zentralregierung. Da die Rebellen gelbe Kopftücher trugen, ist diese Rebellion als »Aufstand der Gelben Turbane« (Huang-chin) in die Geschichte eingegangen. Chang Chüeh und seine beiden Brüder wurden nach Niederschlagung des Aufstandes exekutiert, doch stellten die Gelben Turbane auch noch später eine nicht zu vernachlässigende politische Macht dar.

T'ai-shan, wichtigster der heiligen Berge Chinas. Er liegt in der Provinz Shantung im Osten Chinas und wird daher der Heilige Berg des Ostens genannt. Seit frühesten Zeiten steht er im Mittelpunkt eines intensiven religiösen Lebens; die Gottheit des T'ai-shan, der Große Kaiser des Östlichen Gipfels (→ T'ai-yüeh ta-ti), ist eine der berühmtesten taoist. Gottheiten. Im populären Glauben spielt auch die Tochter des Großen Kaisers des Östlichen Gipfels, Sheng-mu, die Heilige Mutter, eine wichtige Rolle: Sie ist die Patronin der Frauen und Kinder. Der Große Kaiser des Östlichen Gipfels wird i. allg. als Herrscher über die Erde und die Menschen angesehen, der direkt dem Jadekaiser (→ Yü-huang) untersteht. Seine wichtigste Aufgabe besteht darin, den Tag der Geburt bzw. des Todes eines Menschen festzulegen.

T'ai-shang kan-ying p'ien, chin., wörtl.: »Abhandlung über Tat und Vergeltung«; taoist. Werk aus der Sung-Dynastie, das vor allem den moralischen Aspekt des Taoismus unterstreicht. Der zentrale Gedanke ist die Belohnung guter und Bestrafung schlechter Taten durch den Himmel, dem von den Drei Würmern (→ San-ch'ung) und dem Herrscher des Schicksals (→ Ssu-ming) Bericht erstattet wird. Je nach Anzahl der begangenen Sünden wird das Leben eines Menschen verkürzt: Jedes schwere Vergehen kostet 12 Jahre, jedes

leichte 100 Tage. 300 gute Taten lassen den Gläubigen zum irdischen Unsterblichen (→ Hsien), 1300 zum himmlischen Unsterblichen werden.
Das Werk zählt eine Reihe von Tugenden auf, die nicht spezifisch taoist. sind; es flossen Moralvorstellungen des Buddhismus und Konfuzianismus mit ein.

T'ai-shang lao-chün, chin., wörtl.: »Höchster Herr Lao«; → Lao-chün

T'ai-shang tao-chün, chin., wörtl.: »Höchster Herr des → Tao«, auch Ling-pao t'ien-tsun (wörtl.: »Himmlischer Ehrwürdiger des Magischen Juwels«) genannt; eine der drei höchsten Gottheiten des religiösen Taoismus (→ Tao-chiao). T'ai-shang tao-chün bewohnt einen der Drei Reinen Himmel (→ San-ch'ing), nämlich den Himmel der Hohen Reinheit (Shang-ch'ing). Außerdem ist der Höchste Herr des Tao der Patron der 2. Abteilung (Tung) des taoist. Kanons (→ Tao-tsang).

T'ai-shan niang-niang → Pi-hsia yüan-chün

T'ai-shih, chin.; 1. etwa: »Embryonalernährung«; taoist. Übung zur Verlängerung des Lebens, Vorübung zur Embryonalatmung (→ T'ai-hsi). Die Übung des T'ai-shih besteht darin, daß der taoist. Adept beim Einatmen die Mundhöhle mit Speichel (→ Yü-chiang) füllt, indem er die Zunge gegen den Gaumen preßt. Dann lehnt er den Kopf zurück und schluckt den angesammelten Speichel in drei Schlucken, damit er aufsteigen kann, um das Gehirn zu stärken (→ Huan-ching pu-nao) und hinabsteigen kann, um die Fünf Eingeweide (→ Wu-tsang) zu benetzen;
2. wörtl.: »der große Anfang«; Urbeginn der Welt, Zustand, bevor die Formen entstanden (→ *Huai-nan-tzu*).

T'ai-yüeh ta-ti, chin., wörtl.: »Großer Herrscher des Heiligen Bergs des Ostens (→ T'ai-shan)«; wichtigste und populärste der taoist. Berggottheiten. Er gilt als der Regent der Erde und der Menschen und untersteht dem Jadekaiser (→ Yü-huang). Seine Aufgabe ist es, das menschliche Leben zu regeln und den Zeitpunkt der Geburt und des Todes festzusetzen. Er führt über das Leben seiner Untergebenen Register und verfolgt die verschiedenen Leben und Wiedergeburten eines Menschen. Außerdem liegt es in seiner Hand, über die soziale Stellung, den Reichtum und die Nachkommen eines Menschen zu bestimmen.
T'ai-yüeh ta-ti wird meist in kaiserlichem Gewand mit unpersönlichem Gesichtsausdruck dargestellt. In den Häusern taoist. Familien werden allerdings nicht sein Abbild, sondern sein Siegel oder ihm geweihte Amulette verehrt, die die bösen Geister vertreiben sollen.

Ta-luo-t'ien, chin. → T'ien

Tan, chin., wörtl.: »Zinnober«; wichtigste in der taoist. Alchemie verwendete Substanz. Die Vertreter der Äußeren Alchemie (→ Wai-tan) versuchen durch zyklische Transformation gereinigten Zinnober zu erhalten, dem lebensverlängernde Wirkung zugeschrieben wird. Der mächtigste Zinnober ist der neunmal zurückgeführte Zinnober *(chiu-huan-tan),* der neunmal sublimiert wird. Bei jeder »Wandlung« gewinnt man einen in seiner lebensverlängernden Wirkung gesteigerten Zinnober.
In der symbolischen Sprache der Inneren Alchemie (→ Nei-tan) stellt der Zinnober die Kernenergie des verbundenen Yin und Yang (→ Yin-yang) dar, die im Kessel des Alchemisten, d. h. in seinem Unteren Zinnoberfeld (→ Tan-t'ien), durch verschiedene Atemtechniken »entzündet« wird und die spirituelle Unsterblichkeit des Alchemisten bewirkt.

Tan-t'ien, chin., wörtl.: »Zinnoberfeld«; Elixierfeld; drei Körperregionen, durch die die Lebensenergie (→ Ch'i) strömt: das Obere Zinnoberfeld befindet sich im Gehirn, das Mittlere in der Herzgegend und das Untere in der Nabelgegend.

Diese drei vitalen Zentren des menschlichen Körpers sind nach Auffassung mancher taoist. Schulen Sitz von Körpergottheiten (→ Innere-Gottheiten-Hygiene-Schule, → Shen), aber auch von schädlichen Wesen (→ San-ch'ung).

Das Untere Tan-t'ien, das manchmal mit dem → Ch'i-hai, dem Ozean der Energie, gleichgesetzt wird, ist von besonderer Bedeutung für verschiedene lebensverlängernde Praktiken: In ihm wird das Ch'i akkumuliert; außerdem birgt es bei Männern den Samen (→ Ching) und bei Frauen das Menstruationsblut. (Siehe dazu auch → Huan-ching, Nei-tan, → T'ai-hsi, → Wai-tan.)

Tao, chin., wörtl.: »Weg«; zentraler Begriff des Taoismus (→ Tao-chia, → Tao-chiao), der davon seinen Namen ableitet. Die Idee des Tao steht im Mittelpunkt des → *Tao-te ching* und des → Chuang-tzu.

Die urspr. Bedeutung des Schriftzeichens *tao* ist »Weg«, es kann aber auch »Lehre« meinen. Schon früh wurde der Begriff im Sinne von menschlichem Verhalten und moralischen Regeln, vom »Weg des Menschen« gebraucht; diesen Sinn hat das Zeichen in konfuzian. Texten. Im *Tao-te ching* des → Lao-tzu wird dem Tao erstmals eine metaphysische Bedeutung verliehen: Es ist dort das allumfassende Erste Prinzip, das allen Erscheinungen zugrunde liegt. Es ist eine Wirklichkeit, aus der das Universum entspringt und die Lao-tzu nur in Ermangelung eines adäquaten Begriffs Tao nennt:

> »Da ist etwas, vollendet und verschwommen,
> Das existierte schon vor Himmel und Erde.
> Still, unsichtbar,

Unveränderlich als eines feststehend,
Unaufhörlich, immer kreisend,
Vermag es die Mutter der Welt zu sein.
Ich kenne seinen Namen nicht, benenne es mit Tao.«

(Zit. n. Chang Chung-yang, *Tao, Zen und schöpferische Kraft,* Düsseldorf/Köln 1981, S. 33.)

Das Tao ist also namenlos, nicht benennbar. Dies ist eine seiner hervorstechendsten Eigenschaften. In Kap. 1 des *Tao-te ching* heißt es:

»Das Tao, das mit dem Namen genannt wird,
ist nicht das ewige [→ Ch'ang] Tao.
Der Name, der sich aussprechen läßt,
ist nicht der ewige Name.«

Das Tao ist die »Mutter«, die die Zehntausend Wesen (→ Wan-wu) gebiert und ernährt. Es ist somit der Urquell alles Seins. In Kap. 6 des *Tao-te ching* wird das Tao mit einem tierischen Weibchen verglichen, dessen Tor Ursprung des Himmels und der Erde ist. (Auf diese Stellen berufen sich im späteren Taoismus all jene, die sexuelle Praktiken [→ Fang-chung shu] zur Erlangung der Einheit mit dem Tao anwenden.)

In das Tao kehren aber auch alle Dinge wieder zurück. Dies ist ein universelles Gesetz. Erleuchtung (→ Ming) im taoist. Sinn ist Einsicht in dieses universelle Gesetz der Rückkehr der Wesen ins Tao (→ Fu). Die Rückkehr ist aber auch das ureigene Gesetz des Tao selbst: »Rückkehr ist die Bewegung des Tao, Schwachheit ist die Wirkkraft des Tao.«

In Kap. 14 wird das Tao ferner beschrieben als unsichtbar, unhörbar, unergründlich, ewig und durch keine äußeren Einflüsse veränderbar. Es ist die Form des Formlosen; es umfaßt Sein und Nicht-Sein. Sein ist die Funktion des Tao, Nicht-Sein seine Essenz. Es ist das Große Eine, in dem alle Gegensätze aufgehoben sind. Das Tao wirkt spontan und gemäß seiner Natur (→ Tzu-jan). Sein Handeln ist ohne Aktion und

ohne Absicht (→ Wu-wei), wodurch es nichts gibt, was ungetan bleibt. In der phänomenalen Welt zeigt sich das Tao durch seine Kraft, seine »Tugend« (→ Te); dies ist, was alle Dinge vom Tao erhalten und wodurch sie zu dem werden, was sie sind.
Die Einheit mit dem Tao zu verwirklichen, ist das Ziel aller Taoisten. Verstandesmäßiges Wissen um das Tao genügt dazu nicht; der Adept muß mit dem Tao einswerden, indem er in sich selbst die Einheit, Einfachheit (→ P'u) und Leerheit des Tao verwirklicht. Dies erfolgt durch intuitive Erkenntnis. Chuang-tzu beschreibt das intuitive Erkennen des Tao in Buch 22, Kap. 2:
»Vom Tao kann man durch keinen Gedanken und kein Nachsinnen etwas wissen. Man nähert sich ihm, indem man im Nichts ruht, indem man nichts nachgeht und nichts verfolgt... Der Weise lehrt eine Doktrin, die nicht in Worten Ausdruck findet.« (Zit. n. Chang, a.a.O., S. 39.)
Das Tao wird also durch das Verweilen in Stille verwirklicht, die der wesentliche Zugang zum Tao ist. Man findet zur Stille durch die Methode des Verlierens: »Nach Wissen zu suchen heißt, Tag für Tag dazugewinnen; das Tao suchen heißt, Tag für Tag verlieren.« Stille ist im *Tao-te ching,* das Zurückkehren zum Ursprung. Durch das Verharren in Stille kommt jedes innere oder äußere Geschehen zur Ruhe, alle Begrenzungen und Bedingungen schwinden. Chuang-tzu sagt, daß dann das Himmlische Licht erstrahlt, wodurch man sein wahres Selbst sehen und das Absolute verwirklichen kann (Buch 23, Kap. 2).
Der Taoismus hat im Lauf seiner Entwicklung eine ganze Reihe von Methoden hervorgebracht, die die Erlangung des Tao erleichtern sollen. Hinweise auf Versenkungsübungen finden sich im *Tao-te ching* (Kap. 16) und im *Chuang-tzu.* Von besonderer Bedeutung sind Atemübungen, die schon in den frühesten taoist. Texten zur Unterstützung des meditati-

ven Vorgangs empfohlen werden; auch bei Lao-tzu und Chuang-tzu finden sich Hinweise darauf. Sie wurden in der Schule des Inneren Elixiers (→ Nei-tan) voll ausgearbeitet.

Tao-chia, chin., philosophischer Taoismus; eine der beiden Strömungen, die den sog. Taoismus bilden; die zweite ist der religiöse Taoismus (→ Tao-chiao). Der philosoph. Taoismus beruft sich auf die Werke des → Lao-tzu (→ *Tao-te ching*) und → Chuang-tzu, die als seine Begründer gelten. → Lieh-tzu und → Yang Chu sind ihre Erben.
Ziel der Anhänger des philosoph. Taoismus ist eine mystische Vereinigung mit dem → Tao durch Meditation und das Nachahmen des Wesens des Tao in Denken und Handeln. Sie sind im Unterschied zu den Vertretern des religiösen Taoismus nicht an der Erlangung der Unsterblichkeit interessiert.
Der Begriff Tao-chia wurde zum ersten Mal während der Han-Dynastie verwendet und weist auf den für diese taoist. Strömung zentralen Begriff des Tao, des Weges, hin. Das Tao wird als allumfassendes Prinzip, aus dem alle Dinge entstehen, aufgefaßt. Das Gedankengut des philosoph. Taoismus enthält eine starke politische Komponente. Eine zentrale Stellung nimmt daher der Begriff des → Wu-wei, des absichtslosen Handelns, ein. Diese Haltung will der philosoph. Taoismus auf das Handeln der Fürsten übertragen sehen. Ethisch steht er in klarem Gegensatz zum → Konfuzianismus, dessen Kardinaltugenden der Menschlichkeit (→ Jen) und der Rechtschaffenheit (→ I) er ablehnt, da sie seiner Meinung nach die wahre Natur der Menschen verschleiern und das Tao stören.

Tao-chiao, chin., religiöser Taoismus; eine der beiden großen Strömungen, die den sog. Taoismus ausmachen; die andere ist der philosophische Taoismus (→ Tao-chia). Zum Tao-chiao werden all jene Schulen und Richtungen gezählt, die das Erlangen der Unsterblichkeit (→ Ch'ang-sheng pu-ssu) zum Ziel haben. Die wichtigsten dieser Schulen sind: → Innere-Gottheiten-Hygiene-Schule, Fünf-Scheffel-Reis-Taoismus (→ Wu-tou-mi tao), Weg des Höchsten Friedens (→ T'ai-p'ing tao), Schule des Magischen Juwels (→ Ling-pao p'ai), Weg der Rechten Einheit (→ Cheng-i tao), und der Verwirklichung der Wahrheit (→ Ch'üan-chen tao). Die zur Erlangung der Unsterblichkeit angewandten Methoden reichen von Meditation über alchemistische Praktiken zu Gymnastik- und Atemübungen und sexuellen Techniken.

Tao des Himmlischen Meisters → T'ien-shih

T'ao Hung-ching, 456–536, taoist. Gelehrter und Arzt, Anhänger des → Ko Hung. Tao Hung-ching stellte als erster in der Geschichte des Taoismus eine Klassifizierung der taoist. Gottheiten auf, indem er die strenge konfuzian. Staatshierarchie auf die Welt der Unsterblichen (→ Hsien) und Gottheiten (→ Shen) übertrug. In seinen Schriften versucht T'ao Hung-ching, eine Verbindung von Konfuzianismus, Buddhismus und Taoismus herzustellen.
T'ao Hung-ching lebte auf dem Berge Mao, wo er in die Geheimnisse der Talismane (→ Fu-lu) und anderer magischer Praktiken eingeweiht wurde. Auf seiner Suche nach lebensverlängernden Drogen durchstreifte er alle berühmten taoist. Berge. Er war berühmt für seine Kenntnisse in der Wissenschaft des → Yin-yang, der Astrologie und Geomantik. Seine Prophezeiungen in bezug auf Ereignisse von nationaler Wichtigkeit erwiesen sich oftmals als richtig, so daß der Kaiser ihn mehrmals an den Hof einlud, doch T'ao weigerte sich, die Berge zu verlassen. Der Kaiser schätzte ihn aber so sehr, daß er ihn persönlich in seiner Klause aufsuchte und sich von ihm beraten ließ. Diese Funktion als kaiserlicher Berater trug ihm den Titel »Premierminister in den Bergen« ein.

T'ao Hung-ching war aber auch ein profunder Kenner der Heilkräuter; seine Klassifizierung der Heilpflanzen stellte einen wichtigen Schritt in der Entwicklung der chin. Pharmakologie dar.

Taoismus, im Westen gebräuchlicher Sammelbegriff für zwei ihrem Wesen nach unterschiedliche Strömungen der chin. Philosophie und Religion, nämlich den philosoph. Taoismus (→ Tao-chia) mit seinen bedeutendsten Vertretern → Lao-tzu und → Chuang-tzu, und den religiösen Taoismus (→ Tao-chiao) mit seinen verschiedenen Schulen. Das Tao-chia stellt eine mystische Lehre dar, die um die Begriffe des → Tao, d. h. des Weges, und des → Wu-wei, des absichtslosen Handelns, zentriert ist, während im Mittelpunkt der verschiedenen Spielarten des religiösen Taoismus das Streben nach Unsterblichkeit (→ Ch'ang-sheng pu-ssu) steht.
(Siehe dazu auch → Cheng-i tao, → Ch'üan-chen tao, → Lieh-tzu, → Nei-tan, → Wai-tan, → Wu-tou-mi tao.)

Tao-shih, chin., taoist. Gelehrter und Priester des religiösen Taoismus (→ Tao-chiao). Seit ca. dem 4. Jh. bilden die Tao-shih, deren Amt erblich ist, die Oberhäupter der taoist. Gemeinden. Sie regeln alle religiösen Angelegenheiten, leiten die verschiedenen Rituale und Zeremonien (→ Chai) und stehen den Gemeindemitgliedern in allen Schwierigkeiten zur Seite. Sie helfen mit Talismanen (→ Fu-lu), Zaubersprüchen, vertreiben Dämonen usw.
Die Tao-shih der Schule der Rechten Einheit (→ Cheng-i tao) leben mit ihrer Familie in der Nähe eines Klosters (→ Kuan); sie unterstehen dem Himmlischen Meister (→ T'ien-shih). Jene der Schule der Verwirklichung der Wahrheit (→ Ch'üan-chen tao) leben in strengem Zölibat.
Der Titel des Tao-shih kam mit der Entstehung der Schule des Fünf-Scheffel-Reis-Taoismus (→ Wu-tou-mi tao) auf. Die

Tao-shih tragen meist ein langes graues oder schwarzes Gewand mit weiten Ärmeln. Sie lassen ihre Haare wachsen und stecken sie zu einem Knoten auf. Bei Zeremonien tragen sie eine aus 240 Teilen zusammengesetzte Robe, die von zehn Stoffbändern unterteilt und von einem mit Wolken verzierten Gürtel zusammengehalten wird. Auf dem Kopf tragen sie eine fünfzackige Krone.
Diejenigen Tao-shih, die in einem Kloster leben, sind einer strengen Disziplin unterworfen. Sie müssen eine große Anzahl von Fastentagen einhalten. Ihr tägliches Leben wird von fünf Verhaltensrichtungen bestimmt: Sie dürfen nicht töten, kein Fleisch und keine alkoholischen Getränke zu sich nehmen, nicht lügen oder stehlen und nicht heiraten oder anderweitige sexuelle Beziehungen pflegen.

Tao-te ching, chin., wörtl.: »Das Buch vom Weg und seiner Kraft«; ein → Lao-tzu zugeschriebenes Werk in 5000 Zeichen (daher wird es in China oft »Text der 5000 Zeichen« genannt), das das Basiswerk des philosoph. Taoismus (→ Tao-chia) wie auch des religiösen Taoismus (→ Tao-chiao) darstellt (dt. Übers. siehe Literaturverzeichnis S. 147ff.). Der Überlieferung nach ist es im 6. Jh. v. Chr. von Lao-tzu verfaßt worden, doch wird heute i. allg. angenommen, daß es nicht vor dem 4. oder 3. Jh. v. Chr. entstanden sein kann. Das älteste vorhandene Exemplar stammt aus der Zeit zwischen 206 und 195 v. Chr. Das *Tao-te ching,* das nach traditioneller Auffassung von Lao-tzu dem Paßwächter → Yin Hsi vor seinem Verschwinden im Westen übergeben wurde, besteht aus 81 kurzen Kapiteln, wovon die ersten 37 das »Buch vom Weg« (→ Tao), die restlichen 44 das »Buch vom → Te« bilden. Diese Einteilung geht darauf zurück, daß das 1. Kapitel vom Tao und das 38. vom Te handelt.
Der Inhalt des *Tao-te ching* ist nicht einheitlicher Natur. Neben rein taoist. Gedanken enthält es auch solche anderer phi-

losoph. Richtungen. Die Philosophie des *Tao-te ching* kristallisiert sich in den Begriffen des Tao, des Weges, und des Te, der Tugend oder Kraft. Weitere zentrale Vorstellungen sind die des absichtslosen Handelns (→ Wu-wei) und der Rückkehr aller Dinge zu ihrem Ursprung (→ Fu).

Tao-tsang; chin., taoist. Kanon; Sammlung von Texten, die die Grundlage der taoist. Lehre bilden. Die frühesten Teile des Tao-tsang gehen bis ins 5. Jh. zurück; die heute erhaltene Fassung des Kanons stammt aus der Ming-Dynastie und umfaßt 1476 Werke in 5486 Bänden. Die einzelnen Werke tragen weder den Namen des Autors, noch sind sie datiert.
Das Tao-tsang beinhaltet außer rein taoist. Werken, die alle Aspekte der Lehre umfassen, auch Texte über Medizin, Chemie, Botanik, Astronomie usw. Die meisten der rein taoist. Schriften sind nach traditioneller Auffassung auf dem Weg einer medialen Offenbarung gewonnen worden und stellen ein Mittel der Kommunikation zwischen den Gottheiten (→ Shen) und den Menschen dar. Diese können durch das Verstehen der taoist. Texte in die Geheimnisse der Unsterblichkeit eindringen.

Tao-yin, chin., wörtl.: »Strecken und Zusammenziehen (des Körpers)«; taoist. Übung der Atemführung, eine Kombination von Atem- und Gymnastikübungen, die das Zirkulieren des Atems im Körper fördern und erleichtern, indem sie Spannungen und Blockaden lösen. Tao-yin kann auch als reine Gesundheitsübung für sich allein geübt werden; nach taoist. Überzeugung vertreibt es Krankheiten sowie das schlechte → Ch'i und verlängert das Leben. Es wird als Vorübung zum Kreisenlassen des Atems (→ Hsing-ch'i) durchgeführt.
Es sind verschiedene Tao-yin-Übungsfolgen bekannt, die von Unsterblichen (→ Hsien) wie z. B. → P'eng-tzu oder Lü Tung-pin (→ Pa-hsien) stammen.

Ta-tung chen-ching, chin., wörtl.: »Wahres Buch vom großen Geheimnis«; Werk der taoist. → Innere-Gottheiten-Hygiene-Schule, das im 2.–4. Jh. entstanden ist. In 39 Kapiteln, die jeweils von einer anderen Gottheit offenbart wurden, beschreibt dieses Werk in esoterischer Sprache die wichtigsten Körpergottheiten in allen ihren Einzelheiten und hilft so dem Übenden, die Gottheiten wiederzuerkennen, wenn er sie in seinen meditativen Visionen erschaut. Die höchste Gottheit des *Ta-tung chen-ching* ist das Höchste Eine (→ T'ai-i).

Ta-yü, chin., wörtl.: »Yü der Große«; mythologischer Begründer der Hsia-Dynastie, der auch »Meister der Fluten« genannt wird. Er gilt als eine Art Weltenschöpfer, der eine große Sintflut beendete: er schuf Abflüsse für die Gewässer, die bereits bis zum Himmel angestiegen waren, indem er die Gebirge durchbohrte. Außerdem durchmaß Ta-yü die neun (neun ist ein Symbol der Ganzheit) Provinzen der Welt und machte das Land urbar, indem er den Lauf der Gewässer herstellte und die neun Gegenden miteinander verband. Bei dieser seiner Arbeit strengte er sich so sehr an, daß er zu hinken begann. Sein Gang wurde zum Vorbild für den Schritt des Yü (→ Yü-pu), einen magischen Tanz der taoist. Meister.

Te, chin., wörtl.: »Tugend, Kraft«; Wirkkraft des → Tao, das jedem Ding inhärente Prinzip, bzw. Eigenschaften und Gesetzmäßigkeiten, die jedes einzelne Ding vom Tao erhält und die es zu dem machen, was es ist und wodurch es sich in der phänomenalen Welt manifestiert. Te bezeichnet daneben aber auch die durch die Verwirklichung des Tao gewonnene »Tugend«.
Te wird im → *Tao-te ching* mit den gleichen Attributen beschrieben wie das Tao selbst: es ist tief, geheimnisvoll; es befähigt den Menschen zur kindlichen Unschuld, zur Schlichtheit (→ P'u), zurückzukehren.

Konfuzius (→ K'ung-tzu) sieht in Te eine Eigenschaft, die ein edler, kultivierter Mensch besitzt. Aufgrund seines Te stellt der Weise ein Kulturideal dar und wird zum Vorbild für seine Umgebung.

Ti, chin., wörtl.: »Herr, Gott« (auch Shang-ti: »Höchster Herr«); älteste chin. Bezeichnung für ein höchstes Wesen: Ti ist urspr. der Urahn des Volkes von Shang (2. Jahrtausend v. Chr.); der Begriff findet sich in unterschiedlicher Bedeutung auch in taoist. Texten. Wie aus Orakelinschriften hervorgeht, wurde Ti in früher Zeit als ein höchster Herrscher angesehen, der über übernatürliche Kräfte verfügt und Naturerscheinungen wie Regen, Dürre, Ernte usw. beeinflussen kann. Außerdem galt er als der Lenker des menschlichen Schicksals, wurde aber als solcher nicht in religiösen Riten verehrt. In späterer Zeit wurde Ti als Ehrentitel für den Ahnherrn der Könige verwendet.

T'iao-ch'i, chin., wörtl.: »Harmonisieren des Atems«; taoist. Atemübung, die als Vorübung zu anderen Atemtechniken durchgeführt wird (→ Fu-ch'i, → Hsing-ch'i, → Lien-ch'i). Beim T'iao-ch'i nimmt man die korrekte Körperhaltung ein (meist den Lotossitz) und atmet dreimal aus und ein, um Blockaden zu lösen. Dann beruhigt man den Geist und versucht, den Körper zu »vergessen«. Man atmet ruhig und tief ein. Nach einiger Zeit atmet man den unreinen Atem durch den Mund aus, um wieder reinen Atem durch die Nase einzuatmen. Dies wiederholt man sechs- bis siebenmal.

T'ien, chin., wörtl.: »Himmel«; der religiöse Taoismus (→ Tao-chiao) kennt nach buddhist. Muster 36 Himmel, die in 6 Stufen angeordnet und jeweils von bestimmten Gottheiten bewohnt sind.
Die unterste Stufe der T'ien besteht aus den 6 Himmeln der

Welt der Begierde. Anschließend daran folgen die 18 Himmel der Welt der Formen. Darüber liegen die 4 Himmel der Formlosigkeit, gefolgt von den 4 Brahma-Himmeln. An vorletzter Stelle befinden sich die Himmel der Drei Reinen (→ San-ch'ing), die von den Himmlischen Ehrwürdigen (→ T'ien-tsun) bewohnt werden und die wichtigsten taoist. Himmel sind. Der höchste Himmel des Taoismus ist Ta-luo-t'ien, der Himmel des Großen Netzes. Die Angaben in den Texten über diesen letzten Himmel sind nicht einheitlich: Manchmal gilt er als leer, manchmal als Sitz des Himmlischen Ehrwürdigen des Uranfangs (→ Yüan-shih t'ien-tsun). Dieser letzte Himmel trennt das Universum von der großen Finsternis.
Im *Tao-te ching* wird T'ien meist als Synonym von → Tao verwendet. Im *Lü-shih ch'un-ch'iu* heißt es: »Der Himmel ist unsichtbar und zeugt, die Erde ist sichtbar und gestaltet.« Nach den Lehren des → *I-ching* entspricht der Himmel, der durch das Hexagramm Ch'ien (→ Ch'ien und K'un) symbolisiert wird, dem reinen Yang (→ Yin-yang). Er ist das Männliche, im Gegensatz zur Erde, die Yin und weiblich ist.

T'ien-i, chin. → San-i

T'ien-ku, chin., wörtl.: »Himmlische Trommel«; taoist. Gesundheitsübung. Beim Schlagen der Himmlischen Trommeln legt man die Handflächen so über die Ohren, daß sich die Finger am Hinterkopf berühren. Dann drückt man den linken Zeigefinger auf den rechten Mittelfinger und läßt ihn von dort abrutschen, was man als einen Ton hört, der einem Trommelschlag ähnlich ist.
Diese Übung, die vor den verschiedenen Atemübungen durchgeführt wird, hält schädliche Einflüsse ab.

T'ien-kuan → San-kuan

T'ien-ming, chin., wörtl.: »Mandat des Himmels«; das Himmlische Mandat, kraft dessen der Himmelssohn (d. h. der chin. Kaiser) regiert. Die Vorstellung des Himmlischen Mandats läßt sich bis in die Yin- und Chou-Dynastie zurückverfolgen. Der Herrscher erhielt seinen Regierungsauftrag direkt vom Himmel, wodurch die Herrschaft legitimiert und ihr auch gleichzeitig Grenzen gesetzt wurden. Der Herrscher mußte die Zeichen himmlischen Zorns oder himmlischer Zustimmung erkennen und dementsprechend handeln. Abnormale Naturphänomene ließen auf die Mißgunst des Himmels schließen; der Herrscher war dann gezwungen, seine Regierungsweise zu überprüfen und zu korrigieren, um wieder dem Willen des Himmels zu entsprechen.
Diese Auffassung des Himmlischen Mandats findet sich auch noch in der Philosophie des Konfuzius (→ K'ung-tzu). Er faßte T'ien-ming als den Willen des Himmels, als eine auf ein Ziel gerichtete Kraft auf. In den *Gesprächen (Lun-yü)* des Konfuzius heißt es: »Mit 50 kannte ich den Willen des Himmels« (II, 4).

T'ien-shih, chin., wörtl.: »Himmlischer Meister«; Titel aller von → Chang Tao-ling abstammenden taoist. Meister. Die Himmlischen Meister waren die Oberhäupter der Schule des Fünf-Scheffel-Reis-Taoismus (→ Wu-tou-mi tao) und der später daraus hervorgegangenen Schule der Rechten Einheit (→ Cheng-i tao).
Der Titel wurde innerhalb der Familie Chang bis heute weitergegeben. Die T'ien-shih lebten bis zur kommunist. Machtübernahme auf dem → Lung-hu-shan in der Provinz Kiangsi; heute lebt der letzte T'ien-shih auf Taiwan.

T'ien-shu, chin., wörtl.: »Himmlische Schrift«; im Taoismus sind zwei Arten von T'ien-shu bekannt: 1. das sog. natürliche T'ien-shu. Dies sind chin. Schriftzeichen, ähnlich Wolkenformationen am Himmel, die nur von Menschen, die das → Tao verwirklicht haben, verstanden werden. 2: Mit »Wolkenschrift« (→ Yün-chu-an) geschriebene taoist. Texte.

T'ien-ti, chin., wörtl.: »Himmel und Erde«; stereotyper Ausdruck für das Universum (→ Wan-wu).

T'ien-tsun, chin., wörtl.: »Himmlischer Ehrwürdiger«; Titel der höchsten Gottheiten des religiösen Taoismus (→ Tao-chiao, → Shen). Die wichtigsten dieser Himmlischen Ehrwürdigen sind: der Himmlische Ehrwürdige des Uranfangs (→ Yüan-shih t'ien-tsun), der Himmlische Ehrwürdige des Magischen Juwels (Ling-pao t'ien-tsun), der Himmlische Ehrwürdige des Tao und des Te (Tao-te t'ien-tsun, → San-ch'ing). Auch der Jadekaiser, → Yü-huang, wird als T'ien-tsun verehrt.

Ti-i, chin. → San-i

Ti-kuan → San-kuan

Tou-mu, chin., wörtl.: »Mutter des Großen Wagens«; taoist. Gottheit. Sie überwacht die Register von Leben und Tod jedes einzelnen und wird von all jenen verehrt, die auf ein langes Leben hoffen. Sie personifiziert das Mitleid.

Ts'ai-shen, chin., »Gottheit des Reichtums«; eine der wichtigsten Gottheiten des religiösen Taoismus (→ Tao-chiao) und der chin. synkretitischen Volksreligion. Der im Taoismus als Ts'ai-shen Verehrte ist nach traditioneller Auffassung Chao Hsüan-t'an Yüsan-shuai, d. h. General Chao der Dunklen Terrasse. Der Sage nach soll er in der Ch'in-Dynastie gelebt und auf einem Berg Erleuchtung verwirklicht haben. Es heißt, daß → Chang Tao-ling bei seiner Suche nach

dem lebensverlängernden Elixier um eine Schutzgottheit gebeten habe, worauf der Jadekaiser (→ Yü-huang) ihm General Chao schickte.
Die Gottheit des Reichtums verfügt über allerlei magische Kräfte: Sie vermag auf einem schwarzen Tiger zu reiten, Blitz und Donner abzuwehren, Krankheiten zu bekämpfen und bei kaufmännischen Geschäften Profit zu sichern.
Ts'ai-shen wird mit einem schwarzen Gesicht und einem dichten Schnurrbart dargestellt; auf dem Kopf trägt er eine eiserne Kappe, in der Hand hält er eine eiserne Waffe.

Tsao-chün, chin., wörtl.: »Herr des Herdes«; Herd- und Küchengott; taoist. Gottheit, die bis heute den wichtigsten Platz in der chin. Volksreligion einnimmt. Ein Bildnis des Herdgottes wird über dem Herd angebracht, und an den Neumond- und Vollmondtagen wird Tsao-chün im Rahmen einer kleinen Zeremonie von der Familie verehrt.
Von seinem Platz über dem Herd registriert der Herdgott alles, was im Haus vor sich geht, und berichtet darüber dem Jadekaiser (→ Yü-huang) an jedem Neujahrstag. Daher ist es Sitte, am Vorabend seinem Abbild Honig um den Mund zu schmieren, damit er dem höchsten Gott nur Gutes über die Familie berichte.
Auf Neujahrs-Buntdrucken sieht man Tsao-chün von einer Kinderschar umringt, da er zugleich auch der Beschützer der Familie ist.

Ts'ao Kuo-chiu → Pa-hsien

Tsou Yen, 3. Jh. v. Chr., bedeutendster Vertreter der Schule des Yin-yang (→ Yin-yang chia). Nach dem großen Historiker Ssu-ma Ch'ien bestand die Methode des Tsou Yen darin, die kleinen Dinge genau zu untersuchen und dann die Analyse auf größere auszuweiten, bis das Grenzenlose erreicht ist. Er wandte die Lehre der Fünf Elemente (→ Wu-hsing) auf die Geschichte und Geographie an. Er klassifizierte die chin. Flüsse, Berge, Täler, Tiere usw. und behauptete, daß China, das Reich der Mitte, nur ein Einundachtzigstel der Welt ausmache, die insgesamt aus neun Kontinenten bestehe und von einem großen Ozean umgeben sei. Tsou Yen entwickelte eine neue Sicht der Geschichte, indem er die Ereignisse in Politik und sozialem Leben mit der Abfolge der Fünf Elemente in Zusammenhang brachte. Die Abfolge der Dynastien, die ihrem Wesen nach einem bestimmten Element entsprechen, wiederholt die Abfolge der Fünf Elemente; der Gelbe Kaiser (→ Huang-ti) regierte unter dem Element Erde, das vom Element Holz der Hsia-Dynastie »besiegt« wurde. Das Holz wurde seinerseits vom Element Metall der Shang-Dynastie besiegt, dieses wiederum vom Element des Feuers, unter dessen Zeichen die Chou-Dynastie regierte. Das Feuer würde, so Tsou Yen, vom Wasser der folgenden Dynastie abgelöst, darauf müßte wiederum eine vom Element Erde regierte Dynastie folgen.

Tso-wang, chin., wörtl.: »Sitzen (und) Vergessen«; taoist. Meditationsmethode, die die höchste Stufe der taoist. Versenkung darstellt. Dabei nimmt der Meditierende keinerlei Meditationsobjekte zu Hilfe, sondern läßt seinen Geist frei schweben, ohne einzugreifen. So verharrt er im Nicht-Handeln (→ Wu-wei) und verwirklicht die Einheit mit dem → Tao. Er läßt alle Formen und Beschränkungen hinter sich und ist frei von Wünschen und Begierden.
Die Methode des Tso-wang wird im → *Chuang-tzu* (Buch 6, Kap. 7) beschrieben.

Ts'un-shen, chin. → Ts'un-ssu

Ts'un-ssu, chin., wörtl.: »den Gedanken aufrechterhalten«; taoist. Meditationsmethode, bei der man über ein bestimmtes Objekt meditiert. Als Meditationsobjekte dienen vor allem die Drei Juwele (→ San-pao): das Tao, die taoist. Schriften (vor allem die Schriften des Magischen Juwels [→ *Ling-pao ching*]) und der Meister, in diesem Fall → Lao-chün. Bei einer Variante des Ts'un-ssu versucht man, die Gottheiten (→ Shen), die im Innern des Körpers wohnen, zu visualisieren (→ Innere-Gottheiten-Hygiene-Schule). Diese Spielart heißt Ts'un-shen (wörtl.: »Aufrechterhalten der Gottheiten«; → Nei-kuan). – Ziel dieser Meditation ist es, durch die Entwicklung reiner Energien langes Leben zu erlangen.

T'u-ku na-hsin, kurz T'u-na, chin., wörtl.: »Altes abgeben und Neues aufnehmen«; taoist. Atemübung. Die verbrauchte Luft wird so vollständig wie möglich durch den Mund ausgeatmet, dann wird durch die Nase frische Luft eingeatmet. Dabei versucht man, die Lungen maximal mit frischer Luft zu füllen. Durch diese Atemtechnik wird der »tote Atem« (Ssu-ch'i, → Ch'i) ausgeschieden und »lebendiger Atem« (Sheng-ch'i) aufgenommen, was eine wesentliche Vorbedingung für die Erlangung der Unsterblichkeit darstellt. Das T'u-na zählt zu den verschiedenen Methoden des Nährens des Körpers oder des Lebens (→ Yang-hsing, → Yang-sheng). Das Ausatmen der verbrauchten Luft kann von sechs verschiedenen Lauten begleitet werden, die jeweils auf ein bestimmtes inneres Organ wirken und eine spezifische Heilkraft besitzen.

T'ung Chung-shu → Konfuzianismus

T'un-t'o, chin. → Yü-chiang

T'u-t'an-chai, chin. → Chai

T'u-ti, chin.; Gottheit eines bestimmten Territoriums, die dem Stadtgott (→ Ch'eng-huang) untersteht. Jedes Stadtviertel, jede Straße, jeder Tempel oder öffentliches Gebäude einer chin. Stadt hat seinen eigenen Schutzgott. Die Funktion eines T'u-ti wird manchmal berühmten historischen Persönlichkeiten übertragen.

Tzu, chin., wörtl.: »Ahnen«; die Verehrung der Ahnen nimmt in der chin. Religion einen zentralen Platz ein. Die Ahnen, die in jeder Familie in Form der Ahnentäfelchen zugegen sind, schützen die Familienmitglieder und stellen eine Verbindung zwischen den Lebenden und den höheren Welten dar. An bestimmten Tagen werden den Ahnen Opfer dargebracht.

Die im Familienschrein aufbewahrten Ahnentäfelchen bestehen aus einem etwa 10–12 cm breiten und doppelt so hohen Holzbrettchen, auf dem der Name und evtl. der Titel, manchmal auch Geburts- und Sterbedatum des Toten eingraviert sind. Bei reichen Familien stehen die Ahnentäfelchen in einem besonderen Ahnentempel, in dem die Täfelchen aller Angehörigen aufbewahrt werden. Bei weniger begüterten Familien stehen sie an der Nordwand des Hauptzimmers. Sie sind mit Kerzen und Räucherwerk geschmückt.

Tzu-jan, chin., wörtl.: »(von-)selbst-so (seiend)«; natürlich, spontan, ein Begriff des philosoph. Taoismus (→ Tao-chia). Tzu-jan ist alles, was spontan und frei von menschlicher Willkür und von äußeren Einflüssen ist. Es ist die Harmonie mit sich selbst, das Sein in seiner höchsten Verwirklichung. Es ist die absolute Treue zu sich selbst.

Der Begriff des Tzu-jan ist eng mit jenem des → Wu-wei, des absichtslosen Handelns, verbunden. Ziel des Wu-wei ist Tzu-jan; Tzu-jan ist die Norm für das Wu-wei. In Kap. 25 des *Tao-te ching* wird Tzu-jan folgendermaßen definiert:

»Vier Große gibt es im Universum, und der Mensch ist einer davon. Der Mensch richtet sich nach der Erde, die Erde richtet sich nach dem Himmel, der Himmel richtet sich nach dem → Tao und das Tao richtet sich nach der Natur (wörtl.: ist-selbst-so).«

W

Wai-ch'i, chin., wörtl.: »Äußerer Atem«; die Luft, die wir einatmen, im Gegensatz zum Inneren Atem (→ Nei-ch'i), der die kosmische Urenergie (→ Yüan-ch'i) im menschlichen Körper darstellt.

Wai-tan, chin., wörtl.: »Äußerer Zinnober«; das »Äußere Elixier«, die »Äußere Alchemie«, eine Strömung der taoist. Alchemie, die andere ist → Nei-tan, die Innere Alchemie. Die Anhänger des Wai-tan sind bestrebt, durch Umwandlung chemischer Substanzen eine Droge der Unsterblichkeit (→ Ch'ang-sheng pu-ssu) herzustellen. Die wichtigsten Ingredienzien beim Wirken des Äußeren Elixiers sind Zinnober (→ Tan) und Gold. Dieses wird dank seiner Beständigkeit, das Zinnober genannte Quecksilbererz wegen seiner roten Farbe und seiner chemischen Eigenschaften verwendet.
Die Vertreter des Wai-tan waren der Ansicht, daß die Lebenskraft des Menschen die sog. Urenergie (→ Yüan-ch'i), die kosmische Energie, darstellt. Der Verlust des Yüan-ch'i bringe Krankheit und Tod. Dieses Yüan-ch'i wird als eine besondere Mischung von Yin und Yang (→ Yin-yang) aufgefaßt. Nach Auffassung der Lehre des Wai-tan können nur Zinnober und Gold im Organismus jenen Urzustand wiederherstellen, in dem Yin und Yang vereint, also nicht zu unterscheiden sind.
Die bedeutendsten taoist. Alchemisten waren → Wei P'o-yang und → Ko Hung. Im Laufe der Entwicklung des Taoismus wurde allerdings die Auffassung, Unsterblichkeit durch das Einnehmen einer Droge erlangen zu können, verdrängt; an ihre Stelle trat die Lehre des Inneren Elixiers.

Wang Ch'un-yang → Ch'üan-chen tao

Wang Hsiao-yang → Ch'üan-chen tao

Wang Jung → Chu-lin ch'i-hsien

Wang Pi, 226–249, einer der bedeutendsten Kommentatoren des → *Tao-te ching* und des *Buches der Wandlung(en) (→ I-ching);* Vertreter des → Hsüan-hsüeh.
Die von Wang Pi edierte Version des *Tao-te ching* wird heute noch als maßgeblich angesehen. In seinem Kommentar vertritt er die Ansicht, daß das → Tao mit der Leere (→ Wu) gleichzusetzen sei: »Auch wenn wir vom Tao sagen, daß es das Nicht-Sein ist, dürfen wir nicht vergessen, daß alle Dinge ihm ihre Vollendung verdanken. Und wenn wir behaupten, es ist das Sein, so können wir seine Form doch nicht schauen.«

Wan-wu, chin., wörtl.: »Zehntausend Dinge oder Wesen«, stereotyper Ausdruck für die Gesamtheit der Erscheinungsformen im Universum. »Zehntausend« bedeutet hier einfach »unzählige« oder »alle«.

Weg der Verwirklichung der Wahrheit → Ch'üan-chen tao

Weg des Höchsten Friedens → T'ai-p'ing tao

Wei Ch'eng, chin. → Men-shen

Wei P'o-yang, 2. Jh. n. Chr., einer der bedeutendsten Vertreter der taoist. Alchemie und Autor des *Chou-i ts'an-t'ung-ch'i* (chin. etwa »Über die Vereinigung der Entsprechungen«), des ersten Werkes über Alchemie auf der Welt. Es behandelt die Herstellung des Elixiers der Unsterblichkeit (→ Ch'ang-sheng pu-ssu), wobei Wei P'o-yang Elemente des *Bu-*

ches der Wandlung(en) (→ I-ching) miteinbezieht. Er verwendet eine höchst esoterische Sprache, die verschiedene Interpretationen zuläßt: Das *Chou-i ts'an-t'ung-ch'i* wird sowohl als Anweisung zur Herstellung des Äußeren Elixiers als auch des Inneren aufgefaßt; manche Taoisten sehen darin aber auch Elemente taoist. Sexualpraktiken (→ Fang-chung shu). Im späteren Taoismus wird es i. allg. als Werk der Inneren Alchemie verstanden. Das Buch verdankt seine Berühmtheit z. T. auch dem Kommentar, den der neokonfuzian. Philosoph → Chu Hsi im 12. Jh. dazu verfaßte.
Ein anderer Kommentator (→ Yü Yen) umreißt die zentrale Idee des *Chou-i ts'an-t'ung-ch'i* damit, daß »der Mensch sich die geheimen Kräfte vom Himmel und Erde zunutze macht, um damit für sich selbst das große Elixier der goldenen Flüssigkeit zu destillieren, und so mit Himmel und Erde von Anbeginn zu sein... Jedesmal wenn Himmel sich mit Erde vereinigt, mache dir selbst die geheimen Antriebskräfte der schöpferischen Aktivitäten von Yin und Yang zu eigen.« (Zit. n. Chang Chung-yuan, 1981, S. 117.)

Wen-ch'ang, taoist. Gottheit der Literatur. Wen-ch'ang ist eig. eine Konstellation von sechs Sternen in der Nähe des Großen Bären; leuchten diese Sterne, dann blüht die Literatur. Die Sternengottheit Wen-ch'ang steigt immer wieder auf die Erde herab und manifestiert sich in menschlicher Gestalt: In taoist. Werken wird von 17 Existenzen des Wen-ch'ang auf Erden berichtet. Er wird von all jenen verehrt, die Unterstützung bei den Prüfungen zum Eintritt in die Beamtenlaufbahn suchen. Als Gottheit der Literatur hat Wen-ch'ang selbst ein umfangreiches literarisches Werk geschaffen, das den Menschen auf medialem Weg offenbart wurde.

Wu, chin., wörtl.: »Nicht-Sein«. Leere, Leerheit; einer der Grundbegriffe der taoist. Philosophie: das Fehlen sinnlich wahrnehmbarer Eigenschaften. Wu ist das wesentliche Kennzeichen des → Tao. Wu kann aber auch das Wesen des Taoisten beschreiben, der ganz vom Tao erfüllt ist, da er frei von Begierden und Leidenschaften, d. h. leer ist.

Wu-ch'ang, chin., wörtl.: »fünf Konstanten«; die fünf Kardinaltugenden des Konfuzianismus (→ K'ung-tzu), die das menschliche Verhalten regeln: → Jen (Menschlichkeit); → I (Rechtlichkeit), → Li (Riten und Sitten), Chih (Weisheit, Einsicht) und Hsin (Vertrauen). Siehe dazu auch → Wu-lun.

Wu-chen pien, chin., wörtl.: »Essay über das Erwachen zur Wahrheit«; wichtigstes Werk des Alchemisten → Chang Potuan (983–1082), in dem er seine Interpretation der Lehre des Inneren Elixiers (→ Nei-tan) darlegt. Diese bildet die Grundlage der späteren Südlichen Schule des → Ch'üan-chen tao. In 100 Kapiteln in Versform erklärt Chang Po-tuan die verschiedenen Methoden, das Innere Elixier wirken zu lassen. Er lehnt das Verfahren des Äußeren Elixiers (→ Wai-tan) ab, da er der Überzeugung ist, daß jeder Mensch die »Droge« der Unsterblichkeit in sich trüge; es sei nicht notwendig, Kräuter zu sammeln und Hygieneübungen zu praktizieren.

Wu-chi, chin., wörtl.: »Gipfel des Nichts«; das Grenzenlose, Unbedingte, Eigenschaftslose, der Uranfang, das Gestaltlose und Unsichtbare, wohin alles zurückkehrt (→ Fu). Der Philosoph Chou Tun-i setzt das Wu-chi mit dem T'ai-chi gleich (→ T'ai-chi-t'u).

Wu-ch'in-hsi, chin. → Hua T'o

Wu-chi-t'u, chin. → Ch'en T'uan

Wu-hsing, chin., wörtl.: »Fünf Beweger«, auch Wu-te, wörtl.: »Fünf Tugenden«; die Fünf Elemente, Fünf Wandlungsphasen oder Fünf Kräfte, die den Ablauf der Naturerscheinungen regeln. Diese werden Wasser, Feuer, Holz, Metall und Erde genannt. Diese »Fünf Elemente« sind nicht als reale Substanzen zu verstehen, sondern vielmehr als abstrakte Kräfte und Symbole für bestimmte grundlegende Eigenschaften der Materie: Die Natur des Wassers ist es, zu befeuchten und hinabzusteigen; die des Feuers ist es, zu erhitzen und aufzusteigen; die des Holzes ist, sich zu biegen und wieder aufzurichten; die Natur des Metalls ist Formbarkeit und die der Erde Fruchtbarkeit. In der Zeit der Streitenden Reiche kam die Vorstellung auf, daß die Elemente einander bedingen und fördern und auch besiegen und zerstören können *(hsiang-sheng hsiang-k'o):* Holz bedingt Feuer, Feuer bedingt Erde, Erde bedingt Metall, Metall bedingt Wasser und Wasser bedingt Holz. Gleichzeitig besiegt Wasser Feuer, Feuer besiegt Metall, Metall besiegt Holz, Holz besiegt Erde, Erde besiegt Wasser. Diese Theorie ist auch in der chin. Medizin von Bedeutung.
In einem komplizierten System von Entsprechungen werden die Fünf Elemente mit den Jahreszeiten, Himmelsrichtungen, Farben, Geschmäckern, Zahlen, inneren Organen und anderen Kategorien in Verbindung gebracht.
Die Lehre von den Wu-hsing bestand als unabhängige Schule im 4. und 3. Jh. v. Chr. Bedeutendster Vertreter war → Tsou Yen (3. Jh. v. Chr.), der die Theorie der Fünf Elemente auf den Bereich der Politik übertrug, indem er den Ablauf der Geschichte mit dem der Fünf Elemente in Beziehung brachte und eine zyklische Geschichtsauffassung entwickelte. Diese Schule vereinigte sich während der Han-Dynastie mit der des Yin und Yang (→ Yin-yang chia) und wird heute als Teil von dieser betrachtet.

Wu-lun, chin., wörtl.: »Fünf Beziehungen«; fünf Arten von Beziehungen, die im konfuzian. Gesellschaftsmodell die Verhältnisse der Menschen zueinander regeln. Diese Fünf Beziehungen sind die zwischen Eltern und Kindern, Herrscher und Untertan, Ehemann und Ehefrau, älterem und jüngerem Bruder, Freund und Freund. (Siehe auch → Wu-ch'ang.)

Wu-shih, chin., wörtl.: »Fünf Leichname«; fünf Arten unreiner Energie in den fünf inneren Organen des Körpers (→ Wutsang), denen die Farben Rot, Grün, Weiß, Gelb und Schwarz zugeordnet sind. Ihre Anwesenheit im menschlichen Körper vermindert die Lebensdauer. Um Unsterblichkeit zu erlangen, muß man sich daher der Fünf Leichname durch Meditation und Fasten entledigen.

Wu-shih, ch'i-hou, chin., etwa: »Fünf Perioden und sieben Zeitspannen«; verschiedene Phasen, die ein Taoist in seiner Meditationspraxis durchläuft. Sie reichen von der einfachen Beruhigung des Geistes bis hin zur höchsten spirituellen Verwirklichung.

Wu-te, chin. → Wu-hsing

Wu-ti, chin., wörtl.: »Fünf Kaiser«; legendäre Kaiser, die China zwischen 2697 und 2205 v. Chr. (nach anderer Rechnung zwischen 2674 und 2184 v. Chr.) regiert haben. Die Fünf Kaiser sind der Gelbe Kaiser (→ Huang-ti), Chuan Hsü, Ku, → Yao und → Shun. Die Entstehung der Vorstellung von den Fünf Kaisern geht auf historische Spekulationen des 2. und 1. Jh. v. Chr. zurück; Konfuzius kannte nur Yao und Shun. Die Wu-ti-Gruppierung spiegelt das System kosmologischer Zuordnung wider: Die Fünf entspricht den Fünf Elementen (→ Wu-hsing), wobei jedem der Fünf Kaiser ein Element zugeordnet wird.

Wu-tou-mi tao, chin., wörtl.: »Fünf-Scheffel-Reis-Taoismus«; frühtaoist. Schule (→ Tao-chiao), die zwischen 126 und 144 von → Chang Tao-ling in der westchin. Provinz Szechwan gegründet wurde und etwa bis ins 15. Jh. bestand. Der Name Fünf-Scheffel-Reis-Taoismus geht darauf zurück, daß alle, die dieser Schule beitreten wollten, fünf Scheffel Reis an die → Tao-shih zu zahlen hatten. Das Wu-tou-mi tao ist auch unter dem Namen Tao des Himmlischen Meisters (→ T'ien-shih) bekannt, da das Oberhaupt der Schule den Titel Himmlischer Meister trug.

Der Fünf-Scheffel-Reis-Taoismus beruft sich auf die Lehren des Lao-tzu, der von seinen Anhängern als → Tao-shang lao-chün verehrt wird; das Basiswerk der Schule ist das → *Tao-te ching,* das allerdings auf sehr spezielle Art und Weise interpretiert wird.

Wie bei anderen taoist. Richtungen dieser Zeit war auch beim Wu-tou-mi tao das Heilen von Krankheiten, die als Folge böser Taten angesehen wurden, ein wesentlicher Bestandteil des religiösen Rituals. Eine besondere Bedeutung hatten dabei Massenbeichten, bei denen die Gläubigen ihre Sünden den Drei Herrschern (→ San-kuan) Himmel, Erde und Wasser gestanden. Dazu kam rituelles Fasten (→ Chai), die Verwendung von Talismanen (→ Fu-lu), orgiastische Feiern (→ Ho-ch'i) sowie Totenzeremonien.

Die Anhängerschaft des Wu-tou-mi tao war streng hierarchisch gegliedert. Die Masse der Gläubigen bestand aus sog. Dämonensoldaten, die von Trankopferdarbringern (chin. Chi-chiu) geleitet wurden. Ihnen unterstand jeweils ein Bezirk. An der Spitze der Organisation stand der Himmlische Meister, T'ien-shih.

Wu-tsang, chin., wörtl.: »Fünf Eingeweide«; nach taoist. Auffassung werden zwei Gruppen von inneren Organen unterschieden: die Sechs Behälter (→ Liu-fu) und die Fünf Eingeweide. Diese sind: Lungen, Herz, Milz, Leber und Nieren. Den Fünf Eingeweiden werden im taoist. System der Entsprechungen zwischen Mikro- und Makrokosmos die Wandlungsphasen (→ Wu-hsing), Farben, Jahreszeiten, Geschmäcker usw. zugeordnet.

Wu-tsung, 814–846, chin. Kaiser der T'ang-Dynastie, der ein fanatischer Anhänger des Taoismus war. Er umgab sich mit taoist. Priestern (→ Tao-shih) und Alchemisten, hielt Fastenfeste (→ Chai) ab und versuchte sich in der Herstellung von lebensverlängernden Elixieren.
Auf Rat seiner taoist. Berater erließ er im Jahr 842 eine Reihe von antibuddhist. Dekreten. Diese Verfolgung des Buddhismus erreichte 845 ihren Höhepunkt: 260000 buddhist. Mönche und Nonnen wurden gezwungen, ins weltliche Leben zurückzukehren. Die Kunstschätze von 4600 Klöstern wurden beschlagnahmt, und selbst buddhist. Familien mußten ihre Statuen und andere Ritualgegenstände den kaiserlichen Beamten übergeben. Dies stellte die folgenschwerste Verfolgung des Buddhismus dar, von der nach und nach auch alle anderen »ausländischen« Religionen betroffen wurden.

Wu-wei, chin., wörtl.: »Nicht-Tun«; absichtsloses Handeln, ein Begriff des → *Tao-te ching,* der die Haltung des Nicht-Eingreifens in den natürlichen Lauf der Dinge bezeichnet, ein spontanes Handeln, das sich völlig unvorbedacht und frei von Absichten der jeweiligen Situation anpaßt. Diese Haltung ist die eines taoist. »Heiligen«.
Lao-tzu beschreibt das Wu-wei im Kap. 48 des *Tao-te ching* mit folgenden Worten:
»Wer sich dem Studium widmet, wächst jeden Tag (hinsichtlich seiner Aktivitäten, seiner Begierden).
Indem er von Stufe zu Stufe abnimmt, gelangt er zum Wuwei, zum ›Nicht (mehr) Handeln‹. Indem er nicht mehr han-

delt, gibt es nichts, das er nicht bewirkt.« (Zit. n. M. Kaltenmark, 1981, S. 94.) Wu-wei bezeichnet also nicht ein absolutes Nichts-Tun, sondern ein von jeder Begierde und Gerichtetheit freies Handeln.
Der taoist. Adept, der nach dem Ideal des Wu-wei strebt, ahmt das Tao selbst nach, dessen Wirkungskraft gerade durch das Wu-wei universell ist:
»Das Tao ist beständig ohne Aktion (Wu-wei), wodurch es nichts gibt, was nicht geschieht.« (Kap. 37, a.a.O., S. 95.) Der Taoist hütet sich, in Nachahmung des Tao in den Lauf der Dinge einzugreifen, und gibt allem die Möglichkeit, sich gemäß seiner eigenen Natur frei zu entfalten. Nur so kann ihm Erfolg beschieden sein. Wu-wei kann also im wesentlichen als Handeln innerhalb der Grenzen des Natürlichen und Notwendigen verstanden werden.

Y

Yang Chu, 4.–3. Jh. v. Chr., taoist. Philosoph. Sein Werk ist nicht erhalten; seine Grundlehren sind u. a. im → *Chuang-tzu* und im → *Lü-shih ch'un-ch'iu* überliefert. Das ihm im → *Lieh-tzu* gewidmete Kapitel kann nicht mit Sicherheit als authentisch angesehen werden.
Yang Chu war ein Gegner der konfuzian. Schule (→ K'ung-tzu). Seine Grundidee ist die der Wertschätzung des Lebens und der Achtung des Selbst. Er ist bestrebt, das Leben zu erhalten und zu schützen. Er will das darin enthaltene Wahre nähren und es den äußeren Dingen nicht erlauben, das Leben und die Person zu korrumpieren. So heißt es von ihm, daß er nicht einmal ein Haar opfern würde, auch wenn er dadurch die ganze Welt erretten könnte. Daher wird seine Philosophie manchmal als extrem egoistisch und hedonistisch eingestuft.

Yang-hsing, chin., wörtl.: »das Lebensprinzip nähren«; Sammelbegriff für alle taoist. Übungen zur Lebensverlängerung und Erlangung der Unsterblichkeit. Dazu zählen all jene Praktiken, die den Körper nähren (→ Yang-sheng) und den Geist nähren (→ Yang-shen).

Yang-shen, chin., wörtl.: »den Geist nähren«; taoist. Praktik zur Erlangung der Unsterblichkeit. Sie besteht darin, die Gottheiten, die im Innern des Körpers wohnen, durch Meditation am Verlassen des Körpers zu hindern (→ Innere-Gottheiten-Hygiene-Schule).
Eine höhere Stufe im Nähren des Geistes ist erreicht, wenn man den Geist von allen äußeren Einflüssen unberührt und frei von allen Bindungen halten kann. So kann man seine Ein-

heit mit dem Tao verwirklichen. Durch die Erfahrung dieser unauflösbaren Einheit wird physische Unsterblichkeit nebensächlich. Menschen, die diese Stufe erreicht haben, verfügen über magische Kräfte und handeln absichtslos (→ Wu-wei). Dies ist der Weg, den Lao-tzu und Chuang-tzu weisen.

Yang-sheng, chin., wörtl.: »das Leben nähren«, auch »den Körper nähren« genannt; taoist. Übungen zur Erlangung der Unsterblichkeit. Dazu zählen die verschiedenen Atemübungen wie das Kreisenlassen des Atems (→ Hsing-ch'i), das Schmelzen des Atems (→ Lien-ch'i), das Absorbieren des Atems (→ Fu-ch'i), das Schlucken des Atems (→ Yen-ch'i), die Embryoanalatmung (→ T'ai-hsi) und die Übung »Altes abgeben und Neues aufnehmen« (→ T'u-ku na-hsin). Ferner rechnet man zu Yang-sheng auch die Enthaltsamkeit von Körnerfrüchten (→ Pi-ku) sowie verschiedene Gymnastikübungen (→ Tao-yin). Auch sexuelle Praktiken (→ Fang-chung shu) zählen zu Yang-sheng.

Yao, 2333–2234 (nach anderer Rechnung 2356–2255 v. Chr.), einer der legendären Fünf Kaiser Chinas (→ Wu-ti). Von ihm wird berichtet, daß er den Kalender festgesetzt und offizielle Posten, die für die Nutzung der vier Jahreszeiten zuständig waren, eingeführt habe. Er bestimmte → Shun an Stelle seines Sohnes als seinen Nachfolger, unterzog ihn jedoch drei Jahre lang harten Prüfungen, bevor er ihn mit dem höchsten Amt betraute. Als Shun nach Yaos Tod den Thron bestieg, sollen am Himmel gleichzeitig zehn Sonnen erschienen sein, die die Erde zu verbrennen drohten. Doch der Himmlische Bogenschütze, Shen I, vermochte mit Hilfe eines magischen Bogens neun Sonnen vom Himmel herunterzuschießen.

Yen-ch'i, chin., wörtl.: »den Atem schlucken«; taoist. Atemübung, die Bestandteil der Embryonalatmung (→ T'ai-hsi) ist. Der Atem, der dabei geschluckt wird, ist das Innere Ch'i (→ Nei-ch'i), das dem Äußeren Ch'i (→ Tan-t'ien) in die Kehle folgt. Doch darf das Innere Ch'i nicht entweichen, da sonst gesundheitliche Schädigungen zu befürchten sind. Daher schließt der Übende, wenn der Äußere Atem die Kehle verläßt, schnell den Mund, schlägt die Himmlischen Trommeln (→ T'ien-ku) und schluckt das Innere Ch'i gemeinsam mit dem Speichel (→ Yü-chiang). Er führt es dann bis in den Ozean des Atems (→ Ch'i-hai) zurück. Nach dreimaligem Schlucken des Atems ist das Ch'i-hai gefüllt. Ziel dieser Übung ist es, das Innere Ch'i am Entweichen zu hindern; nur wenn es vollständig im Innern des Körpers gehalten wird und sich im Ozean des Atems akkumulieren kann, ist es möglich, Unsterblichkeit zu erlangen. Anschließend an die Übung des Yen-ch'i kann auch das Kreisenlassen des Atems (→ Hsing-ch'i) oder das Schmelzen des Atems (→ Lien-ch'i) geübt werden, eine Reihenfolge, die besonders wirksam ist.

Ying-chou, chin., wörtl.: »Weltmeer-Kontinent«; eine der drei Inseln der Seligen im Ostchinesischen Meer, die die Heimat von Unsterblichen (→ Hsien) sind und den Inbegriff der Glückseligkeit darstellen (→ P'eng-lai, → Fang-chang).

Yin Hsi, auch als Kuan-yin-tzu bekannt; der Paßwächter am Paß Hsien-ku, dem → Lao-tzu, als er nach Westen ging, begegnet sein soll. Auf Verlangen des Yin Hsi legte Lao-tzu seine Lehre in einem Werk nieder, das aus 5000 Zeichen besteht und seine Gedanken über das Tao und sein → Te enthält. Es ist heute als das → *Tao-te ching* bekannt. Dann verschwand Lao-tzu im Westen. Aufgrund dieser Begegnung wurde Yin Hsi eine wichtige Figur im religiösen Taoismus: Er wurde als Unsterblicher (→ Hsien) in das taoist. Pantheon aufgenommen. – Er gilt als der Autor des Werkes *Kuan-yin-tzu,* in dem die taoist. Meditation erklärt wird.

Yin-yang, chin.; zwei polare Kräfte, die durch ihr Wechselspiel und ihre Interaktion das gesamte Universum entstehen lassen. Yin und Yang sind die polaren Manifestationen des Tao oder des Höchsten Letzten (→ T'ai-chi). Ihre konkreten Erscheinungen sind Erde und Himmel.
Aus der Vermischung von Yin und Yang gehen die Fünf Elemente (→ Wu-hsing) hervor; diese wiederum sind die Grundlage für das Entstehen der Zehntausend Dinge (→ Wan-wu). Dieser Prozeß des Hervorbringens aller Erscheinungen wird zyklisch gesehen, als endloses Entstehen und Vergehen, in dem alles in seinen Gegenpol umschlägt, wenn es seine extreme Ausbildung erreicht hat. Diese ständige »Wandlung« hervorzubringen, ist die Grundeigenschaft von Yin und Yang. Der Wandel ist die Bewegung des Tao.
Auch der Aufbau der Hexagramme des *Buches der Wandlung(en) (→ I-ching),* aus dem das Begriffspaar Yin-yang stammt, spiegelt die Auffassung wider, daß alle Dinge und Situationen aus einer Kombination von Yin und Yang entstehen. Die beiden Hexagramme → Ch'ien und K'un repräsentieren das reine Yang bzw. das reine Yin, alle anderen sind Kombinationen der beiden Grundkräfte.
Urspr. bezeichnete der Begriff Yin den nördlichen, von der Sonne abgewandten Hang eines Berges und wurde mit kaltem, trübem Wetter und wolkenbedecktem Himmel assoziiert. Yang bezeichnete den der Sonne zugewandten Hang und wurde mit Helligkeit und Wärme verbunden.
Im System der Entsprechungen zwischen Mikro- und Makrokosmos werden Yin und Yang verschiedene weitere Eigenschaften und Erscheinungen zugeordnet: Yin ist das Weibliche, Passive, Empfangende, Dunkle, Weiche. Yin-Symbole sind der Mond, das Wasser, Wolken, Tiger und Schildkröte, die Farbe Schwarz, der Norden, das Blei und gerade Zahlen. Yang hingegen ist das Männliche, Aktive, Schöpferische, Helle, Harte. Yang-Symbole sind u. a. die Sonne, das Feuer,

der Drache, die Farbe Rot, der Süden, das Quecksilber und ungerade Zahlen. Yin und Yang werden in einem bekannten Symbol dargestellt. Es zeigt die Zusammensetzung des Universums aus Yin und Yang, die nur zusammen ein Ganzes bilden. Die beiden Punkte deuten darauf hin, daß jede der beiden Kräfte auf dem Höhepunkt ihrer Ausbildung schon den Keim ihrer polaren Entsprechung in sich trägt und beginnt, in diese umzuschlagen.

Yin-yang chia, chin., wörtl.: »Schule des → Yin-yang«; philosoph. Schule Chinas, die am Ende der Zeit der Streitenden Reiche (3. Jh. v. Chr.) florierte. Urspr. verstand man unter dem Begriff Yin-yang chia nur jene Lehren, die das Universum durch das Zusammenspiel der Kräfte Yin und Yang zu erklären versuchte; in der Han-Dynastie erfuhr der Begriff eine Ausweitung: Die Vertreter des Yin-yang chia befaßten sich auch mit der Lehre von den Fünf Elementen (→ Wu-hsing). Die Theorien der Schule des Yin-yang finden wir in den Kommentaren zum *Buch der Wandlung(en) (→ I-ching)*, den sog. Zehn Flügeln (→ *Shih-i*), die die Tradition Konfuzius zuschreibt.
Nach Auffassung des Yin-yang chia entsteht das Universum aus der Vereinigung des Männlichen und des Weiblichen, von Yang und Yin, die im *I-ching* durch die Trigramme → Ch'ien, der Himmel, bzw. K'un, die Erde, symbolisiert werden und die die anderen Trigramme hervorbringen. Jedes von ihnen entspricht einer bestimmten Naturkraft (→ Pa-kua).

Yü → Ta-yü

Yüan-ch'i, chin., wörtl.: »Ur-Atem«; die Ur-Energie, in der Yin und Yang (→ Yin-yang) noch innig vermischt sind und die das gesamte Universum hervorbringt. Aus ihr entspringt die Vielfalt der Zehntausend Dinge (→ Wan-wu).

Das Yüan-ch'i entspricht dem Inneren Ch'i (→ Nei-ch'i) im menschlichen Körper. Im → *Yün-chi ch'i-ch'ien* heißt es: »Als die Atem noch nicht voneinander getrennt waren, um Form anzunehmen, waren sie verknotet und ähnelten einem Ei. Sie bildeten eine vollkommene Einheit. Das ist das Große Eine [→ T'ai-i]. Das Yüan-ch'i [d. h. die noch nicht voneinander getrennten eiförmigen Energien] stieg, als es noch rein war, auf und bildete den Himmel, als es bereits getrübt war, stieg es herab und war die Erde.«
Das Konzept des Yüan-ch'i ist auch in der traditionellen chin. Medizin von großer Bedeutung.

Yüan-shih t'ien-tsun, chin., wörtl.: »Himmlischer Ehrwürdiger des Uranfangs«; eine der höchsten Gottheiten des religiösen Taoismus (→ Tao-chiao). Er ist einer der Drei Reinen (→ San-ch'ing) und residiert im Himmel der Jadereinheit. Der Himmlische Ehrwürdige des Uranfangs entstand, wie sein Name sagt, am Uranfang der Welt durch die Verschmelzung der reinen Atem. Dann erst erschuf er Himmel und Erde.
Am Anfang eines jeden Zeitalters oder Kalpa gibt er an die Schriften des Magischen Juwels (→ Ling-pao ching) an Gottheiten weiter, die ihrerseits die Menschen in der Lehre des Tao unterrichten. Er rettet die in den Höllen gefangenen Seelen und läßt sie frei. Urspr. stand der Himmlische Ehrwürdige des Uranfangs an der Spitze der himmlischen Verwaltung, doch hatte er wie ein weiser König zugunsten seines Assistenten, des Jadekaisers (→ Yü-huang), abgedankt. Daher übertrifft ihn der Jadekaiser heute an Bedeutung.

Yü Chi, auch Kan Chi genannt, gest. 197 n. Chr., taoist. Gelehrter, der im Osten Chinas als Wunderheiler wirkte. Er war Spezialist in der Lehre der Fünf Elemente (→ Wu-hsing), in Magie und Medizin. Bei der Heilung von Krankheiten verwendete er Räucherwerk und geweihtes Wasser.

Um ca. 145 verfaßte er das *Tai-p'ing ch'ing-ling shu* (»Das Buch vom Höchsten Frieden und der Reinheit«; siehe auch → *Tai-p'ing ching*), auf das sich die Schule des Höchsten Friedens (→ T'ai-p'ing tao) stützte.
Der Legende nach soll Yü Chi das Werk allerdings nicht selbst geschrieben haben, sondern auf wunderbare Weise in seinen Besitz gekommen sein. – 197 wurde er von einem Verwandten ermordet.

Yü-chiang, chin., wörtl.: »Jadeflüssigkeit«; Bezeichnung für den Speichel, der in den taoist. Gesundheitsübungen eine große Rolle spielt. Er muß sorgfältig im Körper bewahrt bleiben, da sein Verlust, z. B. durch Ausspucken, eine gefährliche Abnahme der Vitalität zur Folge haben kann. Daher praktizieren die Taoisten das Schlucken des Speichels (T'un-t'o), das meist die Atemübungen begleitet: Der angesammelte Speichel wird in kleinen Portionen geschluckt. Der Speichel steigt dann ins Gehirn auf, um es zu nähren, und hinab in die Fünf Eingeweide (→ Wu-tsang), um sie zu benetzen. Dieser Vorgang heißt in taoist. Terminologie Embryonalernährung (→ T'ai-shih). Das Schlucken des Speichels kann die Drei Würmer (→ San-ch'ung) vertreiben, stärkt Zähne und Haare und macht widerstandsfähig gegen Krankheiten.

Yü-ch'ing, chin. → San-ch'ing

Yü-huang, chin., wörtl.: »Jadekaiser«; eine der wichtigsten Gottheiten der chin. Volksreligion und des religiösen Taoismus (→ Tao-chiao), einer der Drei Reinen (→ San-ch'ing). Yü-huang regelt persönlich und direkt alle himmlischen und irdischen Angelegenheiten. Damit er dieser Aufgabe gerecht werden kann, untersteht ihm eine riesige himmlische Administration, die ein getreues Abbild der irdischen Verwaltung des chin. Kaiserreichs darstellt. Jede der Gottheiten hat eine klar definierte Aufgabe. Einmal pro Jahr, am Neujahrstag, berichten sie dem Jadekaiser über ihre Arbeit. Sie steigen in seinen Palast im höchsten aller Himmel auf. Je nach ihren Leistungen kann der Jadekaiser sie befördern oder versetzen.

Auf der Erde ist der Jadekaiser durch den Gott des Berges T'ai (→ T'ai-yüeh ta-ti), die Stadtgötter (→ Ch'eng-huang), den Herdgott (→ Tsao-chün) und lokale Gottheiten (→ T'u-ti) vertreten. Yü-huang wird meist auf einem Thron sitzend im kaiserlichen Zeremoniengewand dargestellt: Er trägt ein langes, mit Drachen (dem kaiserlichen Symbol) besticktes Gewand und auf dem Kopf den kaiserlichen Kopfschmuck, von dem vorn und hinten je 13 Perlenschnüre herabhängen. In der Hand hält er die kaiserliche Zeremonientafel. Sein strenger Gesichtsausdruck soll Ruhe und Würde ausdrücken. In der taoist. himmlischen Hierarchie war Yü-huang urspr. der Assistent des Himmlischen Ehrwürdigen des Uranfangs (→ Yüan-shih t'ien-tsun), der aber zugunsten des Jadekaisers abdankte. Seitdem ist er die wichtigste Gottheit des Pantheons.

Der Sage nach war Yü-huang der Sohn eines Königs. Vor seiner Geburt war seiner Mutter → Lao-chün im Traum erschienen und übergab ihr ein Kind. Der Prinz übernahm nach dem Tod seines Vaters den Thron, doch dankte er bereits nach einigen Tagen ab, um sich in die Berge zurückzuziehen und das Tao zu ergründen. Nachdem er Vollkommenheit erlangt hatte, widmete er sich den Rest seines Lebens den Armen und Kranken und zeigte ihnen den Weg. Nach 3200 → Kalpas wurde er zum »Goldenen Unsterblichen«, nach weiteren hundert Millionen Kalpas war er der Jadekaiser.

Yü-jen, chin., wörtl.: »Federmensch«; andere Bezeichnung eines taoist. Priesters (→ Tao-shih). Urspr. waren die Federmenschen fliegende Unsterbliche (→ Hsien), deren Körper mit einem Federkleid bedeckt ist. Da die Tao-shih nach taoist. Überzeugung nach Erlangung der Unsterblichkeit (→ Ch'ang-sheng pu-ssu) am hellen Tag gen Himmel steigen (→ Fei-sheng), werden sie ebenfalls Yü-jen genannt.

Yün-chi ch'i-ch'ien, chin., wörtl.: »Wolkenbuchkassette und sieben Bambusstreifen«; taoist. Enzyklopädie in 122 Bänden aus dem 11. Jh. Spezielle Behälter, in denen taoist. Schriften aufbewahrt werden, heißen »Wolkenbuchkassetten«; die sieben Bambusstreifen beziehen sich auf die vier Haupt- und sieben Nebenabteilungen, in die der taoist. Kanon (→ Tao-tsang) gegliedert ist. Das *Yün-chi ch'i-ch'ien* liefert einen vollständigen Überblick über taoist. Übungen zur Verlängerung des Lebens und der Meditation bis zur Sung-Dynastie.

Yün-chuan, chin., wörtl.: »Wolkenschrift«; im religiösen Taoismus (→ Tao-chiao) verwendete Schriftart, die der chin. Siegelschrift ähnelt und aus geschwungenen Linien besteht. Ihre Formen sind den Schäfchenwolken nachempfunden, daher der Name.

Yü-pu, chin., wörtl.: »Schritt des Yü« (→ Ta-yü); taoist. magischer Tanz, der auf den Großen Yü, den Begründer der Hsia-Dynastie und Meister der Fluten, zurückgehen soll. Er wird von den taoist. Meistern (→ Tao-shih) meist in Trance ausgeführt. Er erlaubt es ihnen, mit übernatürlichen Kräften in Verbindung zu treten, und hat den Zweck, böse Geister und Dämonen zu vertreiben. Der Schritt des Yü gilt als älteste aller magischen taoist. Künste.

Yü Yen, 1258–1314, taoist. Gelehrter, der ein Meister in der Auslegung des *Buches der Wandlung(en) (→ I-ching)* und ein

Experte der Alchemie war. In seinen Werken verbindet er Taoismus mit Neokonfuzianismus. Er verfaßte Kommentare zum *I-ching,* zum *Chou-i ts'an-t'ung-ch'i* des → Wei P'o-yang und zu anderen Schriften.

Z

Zehn Flügel → Shih-i

Zinnoberfeld → Tan-t'ien

Literaturverzeichnis

Basistexte

Blofeld, John (Übers.): *I Ging. Das Buch der Wandlung,* Bern 1991.
Chia-yü (Gia Yü), Übersetzung s. Wilhelm 1981.
Chuang-tzu (Dschuang Dsi), Übersetzung s. Wilhelm 1992.
Cleary, Thomas (Übers.): *Also sprach Laotse. Die Fortführung des Tao Te King. In den Aufzeichnungen von Laotses Schüler Wen-tzu,* Bern 1995.
Debon, Günther (Übers.): *Tao-Te-King,* Stuttgart 1979 (rev. NA).
Felitz, Werner (Hrsg.): *Der gute Weg. Worte des großen chinesischen Weisheitslehrers Konfuzius,* Bern 1987.
I-ching (I Ging), Übersetzungen s. Blofeld 1991; Wilhelm 1992.
Konfuzius, Übersetzung von *Chia-yü* s. Wilhelm 1981; *Lun-yü* s. Moritz 1983; Wilhelm 1989; *Shih-ching* s. Weber-Schäfer 1967; *Shu-ching* s. Wilhelm 1931; ferner Felitz 1987, Stange o. J.
Kopp, Wolfgang (Übers.): *Tao Te King. Das heilige Buch vom Tao und der wahren Tugend,* Interlaken 1988.
K'ung-tzu s. Konfuzius
Laotse (auch Lao Tse, Lao-tzu, Laozi, Lau-dse), Übersetzungen s. *Tao-te ching.*
Li-chi (Li Gi), Übersetzung s. Wilhelm 1994.
Lieh-tzu (Liä Dsi), Übersetzung s. Wilhelm 1992.
Lin Yutang (Übers.): *Die Weisheit des Laotse,* Frankfurt/M. o. J. (Fischer-Bücherei 6504).
Lun-yü, Übersetzungen s. Moritz 1983; Wilhelm 1989.
Lü-shih ch'un-ch'iu des Lü Bu We, Übersetzung s. Wilhelm 1979.
Meng-tzu (Mong Dsi), Übersetzung s. Wilhelm 1994.
Miyuki, Mokusen (Übers.): *Die Erfahrung der Goldenen Blüte. Basistext taoistischer Meditation,* Bern 1984 (NA).
Moritz, Ralf (Übers.): *Kungfutse. Gespräche,* Frankfurt/M. 1983.

Mo Ti, Übersetzung s. Schmidt-Glintzer 1975.

Rousselle, Erwin (Übers.): *Lao-tse. Führung und Kraft aus der Ewigkeit. Das Tao-te-king,* Frankfurt/M. 1985 (Insel Tb 849).

Schmidt-Glintzer, Helwig (Übers.): *Mo Ti. Solidarität und allgemeine Menschenliebe* und *Gegen den Krieg,* 2 Bde., Düsseldorf/ Köln 1975 (Diederichs Gelbe Reihe 9/10).

Schwarz, Ernst (Übers.): *Laudse. Daudedsching,* München 1980 (auch dtv 2152).

Shi-ching, Übersetzung s. Weber-Schäfer 1967.

Su-ching, Übersetzung s. Wilhelm 1931.

Stange, Hans o. H. (Übers.): *Die Weisheit des Konfuzius,* Frankfurt/M. o. J. (Insel-Bücherei 830).

Strauss, Victor v. (Übers.): *Lao-Tse. Tai Te King,* Zürich 1959 (NA; auch Manesse Bibliothek 1992).

T'ai-i chin-hua tsung-chih, Übersetzungen s. Miyuki 1984; Wilhelm 1929.

Tao-te ching, Übersetzungen s. Debon 1979; Gia-fu Feng/Englisch/ Luetjohann 1994; Kopp 1988; Lin Yutang o. J.; Rousselle 1985; Schwarz 1980; Strauss 1959; Ulenbrook 1962; Wilhelm 1993.

Ulenbrook, Jan (Übers.): *Lau Dse. Dau Dö Djing,* Bremen 1962 (auch Ullstein Tb 20067).

Weber-Schäfer, Peter (Übers.): *Buch der Lieder,* Köln 1967.

Wen-tzu, Übersetzung s. Cleary 1995.

Wilhelm, Richard (Übers.): *Buch der Schriften,* Jena 1931.

–: *Dschuang Dsi. Das wahre Buch vom südlichen Blütenland,* München 1992 (Diederichs Gelbe Reihe 14).

–: *Frühling und Herbst des Lü Bu We,* Düsseldorf/Köln 1979 (NA).

–: *Geheimnis der Goldenen Blüte,* mit Kommentar von C. G. Jung, München 1992 (Diederichs Gelbe Reihe 64).

–: *I Ging. Text und Materialien,* München 1992 (Diederichs Gelbe Reihe 1).

–: *Kungfutse. Gespräche (Lun Yü),* München 1989 (Diederichs Gelbe Reihe 22).

–: *Kungfutse. Schulungsgespräche (Gia Yü),* Düsseldorf/Köln 1981 (NA).
–: *Laotse – Tao te king,* München 1993 (Diederichs Gelbe Reihe 19).
–: *Liä Dsi. Das wahre Buch vom quellenden Urgrund,* München 1992 (Diederichs Gelbe Reihe 28).
–: *Li Gi. Das Buch der Riten, Sitten und Bräuche,* München 1994 (Diederichs Gelbe Reihe 31).
–: *Mong Dsi. Die Lehrgespräche des Meisters Meng K'o,* München 1994 (Diederichs Gelbe Reihe 42).

Sekundärliteratur

Adrian, Franciscus: *Die Schule des I Ging,* München 1994.
Anthony, Carol K.: *Handbuch zum klassischen I Ging,* München 1989.
–: *Meditationen zum I Ging,* München 1993.
Bauer, Wolfgang: *China und die Hoffnung auf Glück,* München 1989 (dtv 4547).
Béky, Gellért: *Die Welt des Tao,* Freiburg i. Br. 1972.
Blofeld, John: *Das Geheime und Erhabene. Mysterien und Magie des Taoismus,* München 1985 (NA).
–: *Jenseits der Götter,* München 1986 (NA).
–: *Selbstheilung durch die Kraft der Stille,* Bern 1981.
–: *Das Tao des Teetrinkens,* Bern 1988.
–: *Der Taoismus oder Die Suche nach Unsterblichkeit,* München 1988 (Diederichs Gelbe Reihe 61).
Bolen, Jean Shinoda: *Tao der Psychologie,* Basel 1989.
Borel, Henri: *Wu Wei. Laotse als Wegweiser,* Ergolding 1985.
Braunsperger, Hubert: *Innere Geborgenheit durch Tao Te King,* Wien 1992.
Capra, Fritjof: *Das Tao der Physik,* Bern 1984.
Chang, Jolan: *Das Tao für liebende Paare,* Reinbek 1991 (rororo 8819).
Chang, Stephen T.: *Das Handbuch ganzheitlicher Selbstheilung. Methoden des medizinischen Tao-Systems,* München 1993 (Goldmann Tb 12147).

–: *Das Tao der Sexualität,* München 1992.
Chang Chung-yuan: *Tao, Zen und schöpferische Kraft,* München 1987 (Diederichs Gelbe Reihe 30).
Chang Po-Tuan: *Das Geheimnis des Goldenen Elixiers. Die »innere Lehre« des Taoismus von der Verschmelzung von Yin und Yang,* hrsg. v. Thomas Cleary, Bern 1990.
Chia, Mantak: *Tao Yoga. Praktisches Lehrbuch zur Erweckung der heilenden Urkraft Chi,* Interlaken 1985.
–: *Tao Yoga der Liebe,* Interlaken 1993 (6. A.).
–: *Tao Yoga des Heilens,* Interlaken 1987.
Christie, Anthony: *Chinesische Mythologie,* Wiesbaden 1968.
Cleary, Thomas (Übers.): *Das Tao der Politik,* Bern 1991.
–: *Das Tao der weisen Frauen,* Bern 1993.
–: *Das Tao des I Ging,* Bern 1989.
Colegrave, Sukie: *Yin und Yang,* Frankfurt/M. o. J. (Fischer-Bücherei 3335).
Cooper, J. C.: *Was ist Taoismus? Der Weg des Tao – eine Einführung in die uralte Weisheitslehre Chinas,* Bern 1993 (NA von Der Weg des Tao, 1977).
Delius, Rudolf v.: *Kungfutse. Seine Persönlichkeit und seine Lehre,* Leipzig 1930.
Deng, Ming-Dao: *Der Taoist von Hua-shan. In der Schulung beim Großmeister des Heiligen Berges,* Interlaken 1994.
Diederichs, Ulf (Hrsg.): *Erfahrungen mit dem I Ging,* München 1992 (Diederichs Gelbe Reihe 51).
Do-Dingh: *Konfuzius,* Reinbek 1981 (Rowohlt Monographien 42).
Eberhard, Wolfram: *Lexikon chinesischer Symbole,* München 1989 (Diederichs Gelbe Reihe 68).
Eckert, Achim: *Das heilige Tao,* Freiburg i. Br. 1991 (2. A.).
Eichler, Norbert: *Das Buch der Wirklichkeit. Das I Ging für das Wassermann-Zeitalter,* Reinbek 1985 (rororo 7921).
Endres, Günther (Hrsg.): *Die sieben Meister des wunderbaren Tao. Taoistische Geschichten aus der Schule der Vollkommenen Verwirklichung,* Bern 1991.
Engler, Friedrich: *Diskussionen über das I-Ching,* Andechs 1989.
–: *Die Grundlagen des I-Ching,* Andechs 1987.

Fiedeler, Frank: *Yin und Yang. Das kosmische Grundmuster in den Kulturformen Chinas,* Köln 1993.

Fischer, Theo: *Wu wei. Die Lebenskunst des Tao,* Reinbek 1992 (rororo 9174).

Govinda, Anagarika: *Die innere Struktur des I-Ging,* Braunschweig 1993 (2. A.).

Granet, Marcel: *Das chinesische Denken,* München 1963.

Hanslian, Alois / Yazdtschi, Maryam: *I Ging-Orakel. Die Weisheit des Tao,* Grafing 1993.

Heider, John: *Tao der Führung. Laotses Tao Te King für eine neue Zeit,* Basel 1990 (2. A.).

Hoefler, Angelika: *I Ging Ratgeber. Der geheimnisvolle Schlüssel zum Selbst, zum Partner und zum Leben,* Aitrang 1993 (2. A.).

Homann, Rolf: *Die wichtigsten Körpergottheiten des Huang-t'ing-ching,* Göppingen 1971.

Hook, Diana F.: *I Ging für Fortgeschrittene,* München 1990 (Diederichs Gelbe Reihe 43).

Hunt, Diana / Hait, Pam: *Das Tao der Zeit,* Düsseldorf 1991 (Econ Tb 21136).

Ignatius, Alex: *Wasser ist stärker als Stein. Die zeitlose Weisheit des Lao Tse,* Aitrang 1991.

Jaspers, Karl: *Lao-tse. Nagarjuna. Zwei asiatische Metaphysiker,* München 1978.

Johanson, Greg / Kurzt, Ron: *Sanfte Kräfte. Heilung im Geiste des Tao te king,* München 1993.

Kaltenmark, Max: *Lao-tzu und der Taoismus,* Frankfurt/M. 1981.

Kaptchuk, Tedd J.: *Das große Buch der chinesischen Medizin,* Bern 1990.

Kato, Shuichi: *Geschichte der japanischen Literatur,* Bern 1990.

Kielce, Anton: *Taoismus,* München 1985.

Kobayashi, Petra u. Toyo: *T'ai Chi Cu'uan. Einswerden mit dem Tao,* München 1993 (3. A.).

Lash, John: *Reise zum Tao. T'ai Chi und die Weisheit des Tao Te King,* Basel 1990.

Lexikon der östlichen Weisheitslehren. Buddhismus, Hinduismus, Taoismus, Zen, Bern 1986; Sonderausgabe 1994.

Lübeck, Walter: *Das Tao des Geldes,* Aitrang 1992.

Lu K'uan Yü: *Geheimnisse der chinesischen Meditation,* Zürich 1967.
Malek, Roman: *Das Chai-chieh lu. Materialien zur Liturgie im Taoismus,* Frankfurt/M. 1985.
Markert, Christopher: *I Ging. Das Buch der Wandlungen,* München 1985 (Goldmann Tb 10300).
–: *Yin Yang. Harmonie von Sinnlichkeit und Vernunft,* München 1991 (Goldmann Tb 12110).
Murphy, Joseph: *Das I-Ging-Orakel Ihres Unterbewußtseins,* München 1985 (Goldmann Tb 11757).
Nan, Huai-Chin: *Das Tao des langen Lebens,* Freiburg i. Br. 1991.
Opitz, Peter J. (Hrsg.): *Chinesisches Altertum und konfuzianische Klassik,* München 1968.
Page, Michael: *Tao der Kraft. Östliche Weisheiten für das westliche Leben,* Basel 1991.
Palmer, Martin: *Taoismus,* Braunschweig 1994.
Pálos, Stephan: *Atem und Meditation,* Bern 1980 (NA).
Payne, David: *Bekenntnisse eines Taoisten an der Wall Street,* München 1989 (Knaur Tb 60115).
Porkert, Manfred: *China – Konstanten im Wandel,* Stuttgart 1978.
Powell, James N.: *Tao der Symbole. Vom wahren Wesen unserer Sprache,* München 1989 (Diederichs Gelbe Reihe 83).
Rawson, Philip / Legeza, Laszlo: *Tao. Die Philosophie von Sein und Werden,* München 1974.
Schluchter, Wolfgang (Hrsg.): *Max Webers Studien über Konfuzianismus und Taoismus,* Frankfurt/M. 1982.
Schmidt-Glintzer, Helwig: *Geschichte der chinesischen Literatur,* Bern 1990.
Secter, Michael: *Das I Ging Handbuch,* München 1991 (2. A.).
Simbriger, Heinrich: *Geheimnis der Mitte. Aus dem geistigen Vermächtnis des alten China,* Düsseldorf/Köln 1961.
Skinner, Stephen: *Chinesische Geomantie. Die gesamte Lehre des Feng-Shui,* München 1983.
Sloterdijk, Peter: *Eurotaoismus. Eine Kritik der politischen Kinetik,* Frankfurt/M. 1989.
Smullyan, Raymond: *Das Tao ist Stille,* Frankfurt/M. 1994.
Soo, Chee: *Taoistisches Heilen,* München 1992 (Knaur Tb 76005).

–: *Taoistisches Yoga. Die alte chinesische Kunst harmonischer Entfaltung des Lebens,* München 1987.
Stein, Diane: *I Ging für Frauen,* München 1993.
Stumpfeldt, Hans: *Das Leben des Konfuzius,* Stuttgart 1991.
Surany, Marguerite de: *I Ging und Kabbala,* Freiburg i. Br. 1987 (2. A).
Tao. Lao-tse: Tao-te-king, Chuang-tse: Innere Lehren, München 1994 (Knaur Tb 86051).
Twam, Kim: *Geheime Übungen taoistischer Mönche,* Freiburg i. Br. 1982.
Walter, Katya: *Chaosforschung. I Ging und Genetischer Code. Das Tao des Chaos,* München 1992.
Watts, Alan: *Der Lauf des Wassers. Eine Einführung in den Taoismus,* Bern 1976 (auch Suhrkamp Tb 878).
Wen Kuan Chu / Sherrill, Wallace A.: *Astrologie des I Ging,* München 1992 (Diederichs Gelbe Reihe 65).
Wilhelm, Hellmut: *Sinn des I-Ging,* München 1988 (Diederichs Gelbe Reihe 12).
–: *Die Wandlung. Acht Essays zum I Ging,* Zürich 1958.
Wing, R. L.: *Das Arbeitsbuch zum I Ging,* München 1994 (8. A.).
–: *Der Weg und die Kraft. Laotses Tao Te King als Orakel und Weisheitsbuch,* München 1987.
Yoshikawa, Takashi: *Das Ki-Orakel. Das fernöstliche Spiel der Weissagungen,* München 1991 (Goldmann Tb 11853).
Yüang-Kuang: *I Ging. Das Buch der chinesischen Weissagung,* München 1993 (Goldmann Tb 12203).
Zenker, E. V.: *Der Taoismus der Frühzeit,* Wien 1941.
Zöller, Josephine: *Das Tao der Selbstheilung,* Bern 1984.